张钦◎主编

张钦◎著

明朝 不可不知的历史细节

穿越百事通

古吴轩出版社

图书在版编目（CIP）数据

明朝不可不知的历史细节 / 张嵚著. — 苏州：古
吴轩出版社，2012.8（2020.6重印）

（穿越百事通 / 张嵚主编）

ISBN 978-7-80733-866-6

Ⅰ．①明… Ⅱ．①张… Ⅲ．①中国历史—明代—通俗
读物 Ⅳ．①K248.09

中国版本图书馆CIP数据核字（2012）第172102号

策　　　划：李宁军
责任编辑：张　颖
装帧设计：唐　朝
责任校对：张　蕾
责任照排：殷文秋

书　　名：**穿越百事通　明朝不可不知的历史细节**
主　　编：张　嵚
著　　者：张　嵚
出版发行：古吴轩出版社
　　　　　地址：苏州市十梓街458号　　邮编：215006
　　　　　电话：0512-65233679　　　传真：0512-65220750
印　　刷：洛阳和众印刷有限公司
开　　本：710×1000　1 / 16
印　　张：13.5
版　　次：2012年8月第1版
印　　次：2020年6月第2次印刷
书　　号：ISBN 978-7-80733-866-6
定　　价：29.80元

如有印装质量问题，请与印刷厂联系。0379-64606268

目　录

【引　言】

喜欢看戏的人常说，一千个人心里有一千个哈姆雷特。如果说历史如戏，穿越历史如看戏，那么轮到明朝这出"大戏"的时候，一千个历史爱好者心中，或许也有一千个明朝。

因为这恰是明朝最重要的特征——正如莎士比亚笔下那位身份传奇、情感丰富、充满争议的王子一般，明朝，也是一个具有传奇色彩，包含丰富内容，至今依然充满无数争议的时代。明王朝，不仅仅是个"历史话题点"的富矿，更重要的意义在于，直到今天，它依然深深影响着我们的生活。不只因为它在年轻历史爱好者中拥有诸多的关注者，更因为无论这个时代的政治、文化，甚至社会民俗，都对我们今天的时代产生着诸多潜移默化的影响。它的兴亡成败，不仅仅是我们作为历史看客时丰富的谈资，更是我们现实中最直接的经验教训。它的意义，早已渗透到现代生活的各个阶层，细化到现实生活的各个层面。以"模拟穿越"的方式，对这个时代进行真切的体会，不仅仅是一场愉悦的旅行，亦是一次宝贵的再认识与严肃的思考。

这场意义丰富的旅行，便从我们这本穿越手册开始。

【壹·第一家庭】

现代媒体，尤其是西方国家的媒体，在形容国家元首的家庭生活时，总有一个通用的名词——第一家庭。无论是美国的总统，或是英国的国王，都是这样称呼的。

而不管在哪个西方国家，"第一家庭"的生活，绝对是媒体关注的热点，绯闻炒作自不必说，甚至连元首的太太用什么化妆品，女儿穿什么衣服，儿子梳了啥发型，有时都会被当做重大新闻炒作一时。

而放在历史上，所谓"第一家庭"，自然指历代皇室家庭，这个家庭的成员们，也向来是后世"八卦"的重点。比如民间文艺作品里关于"金枝玉叶"和"龙子龙孙"的诸多演绎，诞生了无数经典的作品，至今还传唱不衰。"第一家庭"里家庭成员的生活，既引人关注，又令人艳羡，到今天更不例外。比如许多互联网上火暴一时的穿越小说，主人公"穿越"回去，不是做了皇子，就是当了公主，差一点的也娶了公主，做了驸马，胆子大点的，干脆直接穿越成皇帝。总之，"第一家庭"是诸多"穿越"题材的首选。个中的原因，按照许多穿越小说读者的调侃说：穿越到皇室去，故事既好看，主人公还能少奋斗十年。

然而，这充满诱惑力的第一家庭，真的像旁观者想象的那样，是既"好看"，又能"少奋斗"吗？至少，明朝的"第一家庭"未必如此。

【贰·众阉群像】

如果要问，在我们今天熟悉的明朝题材古装剧中，扮演反派角色最多的明朝职业是什么？绝大多数人的答案，恐怕只有一个——太监！

许多后人对明朝历史的印象中，太监，也自然而然的成了这样一群人：啥好事都不干，啥坏事都干的欢。啥钱都敢贪，啥人都敢杀。皇帝是他们连蒙带骗教坏的，大明江山也是他们吃喝嫖赌祸害没的。要找大明王朝灭亡的罪人，这帮人第一个跑不了。

而明朝的宦官们，真的有这么大的能量，强大到可以为一个王朝的灭亡负全责的地步？

姑且算这是真的吧。只是，假若是真的，那么对于每一个穿越到明朝，同时又怀着报国之梦，渴望建功立业的有志青年们来说，这些"权阉"们，恰恰将是他们面对的最直接，也为强大的对手。

要想战胜一个对手，就要首先了解这个对手。所以要战胜太监，就要首先了解太监——明朝的太监。他们的组织机构，他们的典型人物，最重要的，他们为什么会如此强大？

【叁·君臣之间】

对于所有的穿越者来说，穿越到明朝，有两类角色都是万分向往的，一类，便是高高在上的帝王，特别是那些熟悉明史，见惯了明朝皇帝做派的朋友。另一类，就是纵横捭阖的名臣了，被许多人看做昏君辈出的明王朝，不容否认，也是一个名臣辈出的时代，从明初到明末，无论国家局势处于怎样的情形下，无论这一个时代留给后世的评价是正面还是反面，总有一些流光溢彩的名臣，以他们光辉而传奇的人生，留给后世无尽的慨叹与回味，其在史料记录中的精彩表演，也令后人心向往之，倘若身临其境，自然要体验一把。

而明朝的君臣关系，也是后人津津乐道的一个话题。明朝不缺乏忠臣，但是明朝的君臣之间的亲疏冷热，却比历朝历代都值得玩味——既是上下级，很多时候却更像仇人。而如此的情形，对于所有的穿越者来说，也提出了一个严峻的问题，无论穿越回去做名臣，还是做皇帝，都要解决一个问题：怎样良好地处理君臣关系。

【肆·铁马冰河】

不管穿越到哪个朝代，在穿越内容的选择上，永远都有一个既充满诱惑力，又同样充满高风险的选项——穿越成一个军人，成为战无不胜，横扫沙场的将军。

这个选项的诱惑力，从来都是不分朝代的。但这个体验，风险度也是非常高的，甚至在穿越的诸多选项中，它可以说是最为高危的一个：首先是安全性差，然后是技术含量高，最要命的是，就算打了胜仗，却很可能更难混，"树大招风"这个成语，将军们绝对是受害的最高危群体。

当将军的技术含量如此高，因此也可以确定，如果一个人没有经过任何的准备，没有受过任何的磨练，直接一步到位，穿越到古代做了将军。那么凶多吉少是一定的。

那么具体到穿越回明朝，做一个成功的将军，究竟要受哪些罪呢？要了解这个，我们不妨先认识一下，明朝军队，是个啥样的光景。

【伍·世态万千】

　　我们说过了穿越回明朝的诸多选项，比如做皇帝，做大臣，做将军，做妃子，然而无论做什么，我们都需要明确一件事情：我们所穿越回去的明朝，究竟是一个什么样的时代。

　　穿越回一个朝代，我们的目的，就是享受在这个时代的感觉，这个感觉包括两部分，一个是在这个时代出人头地的感觉，另一个，就是在这个时代享受生活的感觉。前者我们在前面四章里说了很多。后者，则是我们这一章的内容。

　　在享受生活方面，明朝也是有自己独特的魅力的。明朝是中国封建社会中，文化高度繁荣发达的朝代。这样的一个时代，社会生活也自然是丰富多彩，即使我们穿越过去未必建国立业，作为一个普通人，我们也不难找到这个时代独有的生活乐趣。无论我们处于哪一个行业，扮演什么样的角色，在这个时代，我们定然也会有独特的体会。

引 言

　　喜欢看戏的人常说，一千个人心里有一千个哈姆雷特。如果说历史如戏，穿越历史如看戏，那么轮到明朝这出"大戏"的时候，一千个历史爱好者心中，或许也有一千个明朝。

　　因为这恰是明朝最重要的特征——正如莎士比亚笔下那位身份传奇、情感丰富、充满争议的王子一般，明朝，也是一个具有传奇色彩，包含丰富内容，至今依然充满无数争议的时代。明王朝，不仅仅是个"历史话题点"的富矿，更重要的意义在于，直到今天，它依然深深影响着我们的生活。不只因为它在年轻历史爱好者中拥有诸多的关注者，更因为无论这个时代的政治、文化，甚至社会民俗，都对我们今天的时代产生着诸多潜移默化的影响。它的兴亡成败，不仅仅是我们作为历史看客时丰富的谈资，更是我们现实中最直接的经验教训。它的意义，早已渗透到现代生活的各个阶层，细化到现实生活的各个层面。以"模拟穿越"的方式，对这个时代进行真切的体会，不仅仅是一场愉悦的旅行，亦是一次宝贵的再认识与严肃的思考。

　　这场意义丰富的旅行，便从我们这本穿越手册开始。

穿越前必读

明朝这出"大戏"

喜欢看戏的人常说，一千个人心里有一千个哈姆雷特。如果说历史如戏，穿越历史如看戏，那么轮到明朝这出"大戏"的时候，一千个历史爱好者心中，或许也有一千个明朝。

因为这恰是明朝最重要的特征——正如莎士比亚笔下那位身份传奇、情感丰富、充满争议的王子一般，明朝，也是一个具有传奇色彩，包含丰富内容，至今依然充满无数争议的时代。

明朝的传奇色彩，从它近乎传奇般的建国开始，由无数富有传奇经历的人物代代传承，贯穿其兴衰的始终。它是中国两千年封建王朝历史上继西汉后，又一个由底层起义者以自下而上的战争方式开创的王朝，而比起西汉开国

皇帝刘邦在起事前的"亭长"身份来说，明朝开国皇帝朱元璋，更是百分百草根出身的农民。而在朱元璋身后，那一代代撑起大明王朝旗帜的帝王们，其生活更是一个赛一个的奇特。有失踪火海，生死结局至今不明的建文帝；有中国历史上唯一一位以王爷身份在大一统王朝时代下扯旗造反成功，如愿登上帝位并开创黄金盛世的明成祖；有身世如过山车般起伏，经历了沦为战俘，被废黜帝位，却又东山再起的跌宕经历的明英宗；有婚姻极度畸形，痴恋年长自己十九岁的"大老婆"万氏，且首创数年不上朝纪录的明宪宗；更有降生时历经九死一生之劫难，童年尽尝世态炎凉，却终生保持一夫一妻生活的明孝宗；还有一生叛逆放纵，沉于嬉戏享乐，看似荒唐无比，却开创边功的明武宗；还有连续创造并刷新旷工不上朝纪录的嘉靖帝与万历帝；更有专攻木匠技术，却荒废治国的明熹宗；即使是在历史上留下苛刻狭隘恶名的末代帝王崇祯帝，他在北京城沦陷那一刻，毅然煤山殉国的慷慨决绝，依旧激起后世无尽的喟叹。帝王尚且如此，文臣武将乃至三教九流自不必说，由明一代富有传奇色彩的人物，衍生的诸多传奇故事，在整个中国历史上，都可算比重最高的。至今依然是各类影视作品取之不尽的"题材库"。那一个个光彩夺目的大明人物，以他们充满吸引力的人生，演绎出精彩的传说。套用网络语言的话说，他们就是令现代历史爱好者迷恋不已的"哥"。

而这些"哥"所生活过的大明，更是一个以包罗万象著称的时代。我们在形容其他朝代时，总习惯于用"恢弘大气"来形容盛唐，以"铁血风骨"称誉两汉，更醉心于两宋的"精美婉约"。然而，当我们仔细审视明朝的时候却会发现，我们很难找到一个专用的名词，作为对这近三百年的时代的全面概括。相反，我们在形容其他朝代时所用的"专用词"，放在明朝时，却总能从其

万千的事态中找到清晰的折射。比如郑和下西洋后的万国来朝，堪比盛唐的恢弘大气；比如北京保卫战的慷慨悲壮，永乐北伐的金戈铁马，万历"三大征"的猎猎旌旗，甚至南明王朝一寸山河一寸血的决死抗争，无不渗透着自两汉时代传承下来的铁血风骨；更比如《宝剑记》的字字珠玑，《牡丹亭》的清丽脱俗，海盐腔与余姚腔的交相辉映，至今依旧余音绕梁。我们更可以从浙东四才子的坚忍豁达中，从唐伯虎的笑看人生里，从"前七子"的深沉稳重和"后七子"的豪放不羁中，依稀看到前朝后世诸多英杰的影子。那精美婉约的风雅，早已超脱了阶层的禁锢，成为一个时代城市生活的烙印。甚至连明朝的科技文化成果，也同样以"总结性"的特点传世。明朝的散文和诗词，以"文必秦汉，诗必盛唐"为口号，将秦汉散文与唐宋诗词的闪光处，不仅彰显在明朝诗文中，更化入到明代小说、戏曲等典型艺术形式中，让阳春白雪的典雅，悄然飞入寻常百姓家。即使是它的科技成就，如《本草纲目》、《农政全书》、《天工开物》等科技著作，亦充满了对历代科技成就的总结，堪称中国古代科技成就的集大成者。纵观中国历史，恐怕找不到另一个封建王朝，有如明朝这般具有强大的包容力和独特的传承性。如果说每个朝代，都有代表其文明特点的显著颜色，那么明朝，就仿佛一只独特的调色板，把不同时代的文化在这里调合成万紫千红的画卷。

　　然而传奇且风姿多彩的明王朝，在后世的评价中，却是一个争议纷纷的时代。直至今天，关于这个时代的正确评价，依然是现代历史学界诸多"口水"的导火索，大至对整个王朝的定论，细至对每个历史人物风貌的定评，总会引来无数的争议。而爱这个朝代，或恨这个朝代，也同样会找出诸多确凿的理由：爱它的人，会神往洪武盛世的富庶，永乐王朝的辉煌；会同情明英宗朱祁镇的善良，敬佩他的坚忍不拔；甚至会羡慕明武宗朱厚照的洒脱，认可嘉靖帝朱厚熜的精明，理解万历帝朱翊钧的淡定，尊重崇祯帝朱由检的慨然决绝。然而相同的人与事，也会成为恨它的理由：恨洪武时代的专制残暴，恨永乐盛世的奢靡劳民；恨明英宗朱祁镇的打错一战，杀错一人；恨明武宗朱厚照的荒唐淫乐不务正业，也会恨嘉靖帝朱厚熜的聪明反被聪明误，恨万历帝朱翊钧的逃避怠政，更会恨崇祯帝朱由检的操切，徒留叹息。对帝王的评价尚且如此，对朝代的评价更不用说，这个朝代的许多人，都无法像其他朝代一样，可以简单地用忠与奸作清晰的划分，这个朝代的许多事，它的对与错，今天依然争议汹汹。尽管《二十四史》中，《明史》堪称修撰最为精细、涵盖范围最为广泛的一部，然而我们从现代文艺作品中看到的明朝景象，和我们从文献中读到的明朝景象，依然充满着太多的反差甚至误读。这是一个内容丰富、百花齐放的时代，我们从任何一个单一的角度做出单一的判断，都有可能是极其偏颇的。然而用理性的态度、客观的视角，为这个时代作出最精确的评价，却正是现代历史研究者，依然"在路上"的事情。

然而，不可否认的是，这个充满传奇，至今依然引发无数争议的朝代，不仅仅是个"历史话题点"的富矿，更重要的意义在于，它直到今天依然深深影响着我们的生活。不只因为它在年轻历史爱好者中拥有诸多的关注者，更因为无论这个时代的政治、文化，甚至社会民俗，都对我们今天的时代产生着诸多潜移默化的影响。它的兴亡成败，不仅仅是我们作为历史看客时丰富的谈资，更是我们现实中最直接的经验教训。它的意义，早已渗透到现代生活的各阶层，细化到现实生活的各个层面。以"模拟穿越"的方式，对这个时代进行真切的体会，不仅仅是一场愉悦的旅行，亦是一次宝贵的再认识与严肃的思考。

这场意义丰富的旅行，便从我们这本穿越手册开始。

壹

第 一 家 庭

现代媒体，尤其是西方国家的媒体，在形容国家元首的家庭生活时，总有一个通用的名词——第一家庭。无论是美国的总统，或是英国的国王，都是这样称呼的。

而不管在哪个西方国家，"第一家庭"的生活，绝对是媒体关注的热点，绯闻炒作自不必说，甚至连元首的太太用什么化妆品，女儿穿什么衣服，儿子梳了啥发型，有时都会被当做重大新闻炒作一时。

而放在历史上，所谓"第一家庭"，自然指历代皇室家庭，这个家庭的成员们，也向来是后世"八卦"的重点。比如民间文艺作品里关于"金枝玉叶"和"龙子龙孙"的诸多演绎，诞生了无数经典的作品，至今还传唱不衰。"第一家庭"里家庭成员的生活，既引人关注，又令人艳羡，到今天更不例外。比如许多互联网上火暴一时的穿越小说，主人公"穿越"回去，不是做了皇子，就是当了公主，差一点的也娶了公主，做了驸马，胆子大点的，干脆直接穿越成皇帝。总之，"第一家庭"是诸多"穿越"题材的首选。个中的原因，按照许多穿越小说读者的调侃说：穿越到皇室去，故事既好看，主人公还能少奋斗十年。

然而，这充满诱惑力的第一家庭，真的像旁观者想象的那样，是既"好看"，又能"少奋斗"吗？至少，明朝的"第一家庭"未必如此。

明太祖　　　　明惠帝　　　　明成祖　　　　明仁宗

明宣宗　　　　明英宗　　　　明代宗　　　　明宪宗

明孝宗　　　　明武宗　　　　明世宗　　　　明穆宗

明神宗　　　　明光宗　　　　明熹宗　　　　明思宗

【家规】

家有家规

《皇明祖训》：明朝皇室的家法

俗话常说，国有国法，家有家规。放在明朝，"国法"自然是指《大明律》，至于家规嘛，当然就是《皇明祖训》了。

比起《大明律》的如雷贯耳来，《皇明祖训》在现代历史爱好者中，显然是知名度不高的。然而，如果放在明朝"第一家庭"的成员们身上，其意义却恰是反过来的——一个普通的明朝龙子龙孙，哪怕是最不务正业的"二世祖"，要给他说《大明律》，他也许会嗤之以鼻，但要给他搬出《皇明祖训》来，恐怕他会立刻吓得腿肚子发软，个别犯事且胆小的，当场晕过去的可能都有。因为，这是明朝皇室的家法。

家法的制定者，便是大明王朝的开国皇帝——明太祖朱元璋。只要联想一下这位铁腕强人在位三十年干过的事——严刑峻法、铁腕惩贪，其残暴程度难以想象。比如株连数万的"洪武四大案"：经济领域的"空印案"和"郭桓案"，政治领域的"胡惟庸案"和"蓝玉案"。从这些事上就可以想象，这部规定了明朝近三百年皇室子孙行为规矩的"家法"，定然如一块重如泰山的磐石，足以压得朱家后世子孙喘不过气来。

《皇明祖训》始编于洪武二年（1369），完成于洪武六年（1373），最早的名字为《祖训录》，由朱元璋亲自主持编纂并作序。据焦竑的《国朝献徵录》里说，当时为了编订这部"家法"，朱元璋特意面向全国举行海选考试，甚至派亲信大臣四处查探，广泛搜罗各地司法人才，优中选优组成了编纂团队。之后，朱元璋又分别于洪武九年（1376）和洪武二十八年（1395）对"家法"进行了两次修订，经完善之后，正式定名为《皇明祖训》，由刑部刊刻，分发到皇室子孙人手一份，从此成为明朝皇室子孙的行为准则。对于明朝"第一家庭"的所有成员（包括皇帝本人）来说，这部"家规"，仿佛是一张紧密的网，把皇室成员从一出生开始就紧紧束住，管着他们的一言一行。

单从目录上看，这张"网"显然编得很大。首章为朱元璋亲自撰写的序言《祖训首章》，正文内容分为十二章，分别为"持守""严祭祀""谨出入""慎国政""礼仪""法律""内令""内宫""职制""兵卫""营膳""供用"，范围广阔，内容全面，条令完善，细则精致，堪称中国历代法典中的成熟之作。

如果细看内容，更会发现，这张"网"不但编得大，"绳子"还用得粗。每一章都有明确的主题思想以及完备的条令，把涉及皇室成员生活的各个方面都囊括其中，极其细化。比如"持守"一章，主题思想是教导皇室子孙要勤俭持家。"严祭祀"一章，规定了皇室子孙祭祀祖先的基本

关于朱元璋的形像传说颇多，因而历史上流传下来的朱元璋画像颇多，据说有16幅，目前有人已收集到13幅朱元璋画像。以上为形态各异的朱元璋画像

礼仪程序，更强调祭祀贵在"敬诚"。"谨出入"一章，主要是针对后世的历代帝王，告诫他们处理国事不能轻举妄动，按照现代的话说就是要淡定。"慎国政"一章，同样是针对帝王，告诫他们兼听则明，处理国家大事必须要有耳目，同时要禁止民间擅自议论大臣，也就是要钳制言论。"礼仪"一章，除了规定了诸如觐见、祭祀等皇室活动的宫廷礼仪外，更重要的影响，是给东宫（太子府）以及各亲王（皇子）拟定了二十个名字，规定子孙必须以此为准，按顺序使用，这也就是为什么，我们在看明朝皇室成员姓名的时候，总会发现诸多不认识的生僻字——这些字全是以此顺延下来的。"法律"一章，主要是讲皇室成员犯法后，依据其身份和

罪行情节，给出不同的惩罚条例规定。"内令"一章，是针对"第一家庭"的女性，尤其是皇后的，规定皇后不得干政。"内宫"一章，讲后宫的成员编制、品级划分、职责规定。"职制"一章，一是说册封爵位的程序，二是说皇室子弟的授官规定。"兵卫"一章，是讲各亲王的仪仗规模，以及各藩国军队的调度规定。"营膳"一章，规定各王室成员的饮食规格。"供用"一章，讲朝见皇帝过程中，沿途的花费预算以及开支规定。十二章的内容，可谓事无巨细，上至国家大事，下至吃饭穿衣，都无所不包。从它诞生的第一天起，这张"粗绳大网"，就牢牢罩住明朝皇室家庭成员中的每一个人，直到这个王朝终结。

所以，每一个选择穿越到明朝"第一家庭"的朋友，"穿越"成功后，却落入了这张大网之中，从国家大事到家长里短，从纵横捭阖的政治风云到日常生活的吃喝拉撒，从宅在家里到出门游览观光，事无巨细，都由这部《皇明祖训》牢牢管着。有了它，简直就是身处雷区：吃饭花费多了点，穿衣服穿得另类了点，拉家常的时候说话随便了点，甚至一不留神打个喷嚏摔个跤，都有可能不幸犯法。每时每刻都得防雷。悲催不悲催？！

如果不幸犯法，后果极其严重。因为这张"粗绳大网"上每一个"扣"打的都是"死扣"，真撞上了，天王老子都没得救。朱元璋在《皇明祖训》的序章上说，皇室宗亲犯法，如果是罪行比较轻的，可以由皇帝召集在京城的宗亲商议裁决；如果重了，则要由皇帝召集在外诸王和在家重臣一起商议。犯法的皇亲，只许政府官员揭发，不许司法部门擅自缉拿。这一点看似对皇室很照顾，但问题在于"皇亲"的身份上，皇亲犯了罪，一不留神，就会因为这个敏感的身份而被扣上"谋反"的帽子，甚至一些诸如吃饭穿衣之类的小事也不例外。如果运气不好，活在皇帝打算整治皇室宗亲、加强集权的年头里，《皇明祖训》更成了皇帝整治宗亲的最好工具。比如明成祖朱棣在位的二十二年，便是明朝皇室宗室，尤其是亲王们获

《皇明祖训》书影

罪的"高峰期"。比如周王朱橚，嫌自己家里的宫室太寒酸，找人翻修了一下，结果就被人告发，按照《皇明祖训》的规定，他家的宫殿规模因此"越礼"了，属于"僭越"罪，吓得朱橚在朝堂上连连磕头，被明成祖朱棣臭骂一顿后打发回家，削夺了三处护卫，但总算捡回了一条命。朱棣的侄儿隐王朱尚炳，因为生病没有亲自接见朝廷使者，这下触犯了《皇明祖训》里的"礼仪"规定，结果朱棣写诏书斥责，居然一下子就把朱尚炳给吓死了。朱棣的弟弟代王朱桂，被人告了三十二条大罪，其罪名中，连吃饭花费超标，出游的时候仪仗队多了几个人，都成了"谋反"的罪名，可这几条也恰恰是《皇明祖训》规定范围内的，结果朱桂也不幸中招，被革除了官属和护卫。这几位倒霉的皇亲，在明朝绝不是个例，相反贯穿始终，某些犯事的皇亲，尤其是藩王，可以说是"躺着也中枪"。

所以穿越到明朝当皇亲，有《皇明祖训》管着，时时小心着

处处陷阱，一不留神就要躺着中枪。这般的处境，套一句穿越剧的名称说，那真叫"步步惊心"。

规矩是死的，人是活的

当然，朱元璋穷尽一生智慧制订出的这样一部严苛的"家法"，其目的绝不是为了让他的子孙们"步步惊心"，而是为了大明王朝的繁荣昌盛，千秋万代。出身草根农民的他，在总结前朝兴亡的经验教训时，把皇室的腐化堕落当作其中重要的一条。所以煞费苦心，制订了这部《皇明祖训》，要求他的子孙们严格要求自己，希冀大明朝能逃出这条历史轨辙。

可无意中导致诸多子孙"躺着中枪"的朱元璋绝想不到，大明王朝，到底没有逃得了这个历史轨辙。他煞费苦心制定出来的规矩，却还是没有管得住他的后人的恣意妄为。

比如朱元璋的《皇明祖训》中规定，后世的皇帝不能设丞相，有奏请设立丞相的官员，将被处以极刑。可就是在明朝第三代皇帝——永乐皇帝朱棣在位的时候，创造性地发明出了"内阁"这个新机构。"内阁"主要由"大学士"这种官员组成，品级只有五品，工作是当皇帝的秘书。可是到后来，这帮人的权力越来越大，虽挂着"五品"的小头衔，却基本都由二品的文官重臣兼任，到了明朝中后期，还出了诸如严嵩、张居正这类的铁腕人物，呼风唤雨、纵横捭阖，比丞相还丞相。

又比如他在《祖训》中严禁宦官干政，可后来明朝宦官们地位节节攀升，从中期到晚期，陆续出了王振、刘瑾、魏忠贤之类的铁腕人物，权力喧嚣一时。

就连朱元璋规定最为细化的"祭祀"一条，后世帝王的遵守程度也不高。明武宗之前，历代帝王还亲自参与祭祀，到明武宗的时候，就不怎么常去了。明世宗朱厚熜倒是来得勤快，但规模却铺张浪费，远超朱元璋时候定的规矩。到了二百年后著名的"张居正改革"时期，彼时年幼的万历皇帝好奇，打算亲自去祭祀，结果把持大权的张居正说：祭祀这种事，本身就是个形式，皇帝没必要亲自去，找个太监代表了就行。要是朱元璋泉下有知，听到这番话，估计能从棺材里气活过来。

如此的事与愿违，怕还是应了一句老话：规矩是死的，人是活的。如果不想遵守规矩，这规矩订得再好也只是挂在墙上，放在桌上的摆设。但如果有人要利用，那么这规矩反倒成为无奈的累赘，甚至是害人的"坑"。

这是朱元璋无论如何都没有想到的，他的《皇明祖训》能让他的子孙死无葬身之地。

第一个掉进坑里的，就是朱元璋生前最疼爱的亲孙子——建文帝朱

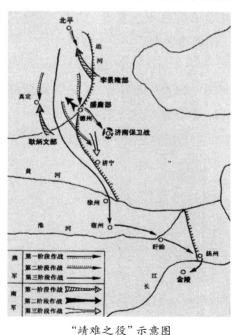

"靖难之役"示意图

允炆。朱元璋前脚刚驾崩，朱元璋的亲儿子朱棣，后脚就扯旗造了建文帝朱允炆的反。在朱棣的造反檄文里，就有拿《皇明祖训》说事的章节，比如之前朱允炆担忧藩王的威胁，厉行削藩，结果朱棣就在檄文里质问说：《皇明祖训》里明文规定，后世子孙不能变更祖宗的法，你削我的藩，就是变更祖宗的法，我就有权来讨伐你。历时三年的"靖难之役"因此爆发，朱允炆最终被朱棣给"削"了。一代君王的去向成了千古之谜。

而后世的皇帝们虽然都没有掉进这个"坑"里，但朱元璋的诸多子孙，却难以幸免。比如《皇明祖训》里规定，皇室的子孙，都要由礼部来取名字，有了名字，就能享受国家的供应，一生衣食无忧。可明朝后期腐败严重，礼部给皇室取名字，那是明码标价要钱的。可其时，许多王爷早已穷困潦倒，哪有钱送？结果有些"王爷"直到七老八十了，还是没有名字。没有礼部给的"名"，就意味着没有"国家供应"，更要命的是，朱元璋的《皇明祖训》规定皇室子孙是不能出去工作的。结果这些"王爷"既没有国家养，又不许自食其力，一生贫寒无助，甚至活活饿死在家里。如果"穿越"过去，成了"第一家庭"中这样的成员，那倒霉去吧。

是"坑"也得跳，不管怎样，大明"第一家庭"的日子，还是照着这部家法的规定，过了三百年。日子过得咋样，还是需要分头来看看。

家庭教育不马虎

经筵和日讲，看明朝皇子怎样上课

有《皇明祖训》的规矩管着，作为"第一家庭"的皇子，生活中要遵守的规矩自然颇多，而其中最重要的规矩当属教育。

朱元璋出身贫苦，自己没读过多少书，但显然他很明白"再穷不能穷教育"的道理，明朝宫廷教育的规矩，基本都是他设立的。这其中又分为两个环节：一是对皇帝本人的日常教育，二是对太子的教育培养。

这其中的第一条——对皇帝本人的日常教育，放在朱元璋身上，是很以身作则的。早年他还不是皇帝，刚刚扯旗造反的时候，就很重视日常的学习充电。每天都要开会学习，按《明史》的说法叫"令儒者陈说古人书义"，即让身边的文臣谋士给他讲课，

《宦迹图·经筵进讲》　明·徐显卿

主要讲历史——历代帝王打天下及治国的历史。目的也很简单，现学现用，什么招数有用学什么。他最感兴趣的人物是刘邦，学得最多的是刘邦，从待人接物到战策谋略，好多都是有样学样。等到大明朝建国，当年给他讲课的儒生，大多都成了明朝开国重臣，比如明朝首任丞相李善长，以及明朝首任都察院左都御史、大名鼎鼎的军师刘伯温。而这种战争年代的学习方法，也以制度化的方式保留了下来，变成两种贯穿明朝兴衰始终的常用教育制度——经筵和日讲。

所谓"经筵"，按照现代的话说，就是文史研讨会。即由皇帝召集文臣，探讨读经史子集的心得体会。这项活动并非明朝首创，之前的几个朝代也都有。可明朝开国皇帝朱元璋执政时期，应该是"经筵"活动举行最为频繁的时期。战争年代尝到听课甜头的朱元璋，对这种上课方式钟爱有加。战争年代，朱元璋因为文化程度低，在课堂上主要是听别人讲，但当了皇帝后则喜欢跟人探讨了。按照《明史》的记录，朱元璋刚登基时，"经筵"几乎天天开，每天都召集文臣儒士前来，探讨历代治国的兴亡得失。后来工作忙了，可"经筵"还是放不下，隔三差五就要开一次，不但听别人讲，更要自己发表意见。探讨的内容，主要是《大学》《尚书》《周易》《唐律》，不但探讨学术内容，更商讨如何古为今用，建立治国政策。明朝许多律法的制定，乃至教育、军事、外交等制度的确立，都是这么探讨出来的。

"朱元璋删孟"是一件比较有影响的事，这件事的起因就是发生在"经筵"上的。有一次"经筵"时，有文臣提出了孟子"君之视臣如土芥，则臣视君如寇仇"的观点，引得朱元璋大怒，当场大骂说：如果这个老头活到现在，我肯定砍了他。孟子本人，当然没被朱元璋砍了，但孟子的像，却被朱元璋搬出了孔庙，他几千年配享孔庙的资格，就这样被朱元璋取消了。

但总的说来，朱元璋时代的经筵活动，对于明初各项国家政策的制定，起到了十分重要的作用，尤其是当时明朝历经战乱，百废待兴，通过"经筵"，可以探讨历代治国的得失，商讨正确的治国策略。比如明初的休养生息政策，公费教育政策，乃至国民福利政策等，都是通过"经筵"得以确定的。同时，"经筵"也成了朱元璋特殊的"官员选拔会"，许多名列《明史》、以治民著称的"循吏"，都是通过"经筵"崭露头角，被朱元璋委以重任，从此青史留名的。在朱元璋身后，从建文帝朱允炆到宣德帝朱瞻基时期，"经筵"皆是当朝帝王重要的政治活动。然而，那时候的"经筵"，在制度上并无明确的规定，每年搞多少场，每场搞多大规模，每场在哪里讲，多长时间搞一次，全凭皇帝自觉。当然，那几位皇帝也很自觉。

到了朱元璋的重重孙——明英宗朱祁镇登基的时候，"经

筵"终于以制度化的形式确立下来。促成
"经筵"制度化的却是因一起"偶然事
件"。先是尚健在的明宣宗朱瞻基，命阁
臣杨士奇起草诏书，宣告皇太子朱祁镇
出阁读书，谁知诏书前脚刚下完，后脚朱
瞻基就驾崩了。年仅九岁的朱祁镇仓促即
位，虽然身份从"太子"变成了"皇帝"，可
教育工作还是不能放松，于是杨士奇就上
奏说：皇帝接受教育，与太子和亲王都不
同，应该命礼部详细地制定规则，以"经
筵"为方式进行。得到皇帝的准许，于是

杨士奇像

"经筵"也就有了其固定的模式：每月三场，分别是当月的初二、十二、
二十二三天，地点在文华殿，讲课的讲案要设在皇帝坐的御案稍东，早晨
先由司礼监的太监呈上当日要讲的经书，书是《大学》，经是《尚书》，两
书都要放在御案上，《大学》放在御案的东侧，《尚书》放在御案的西侧。
每次讲课，设讲官两人，要提前写好讲义，预放在讲案上。是日早朝过后，
皇帝亲临"经筵"，三师三少等重臣先行三叩九拜礼，由鸿胪寺官引导依
次上殿。两个讲官一东一西出班，先给皇帝行叩头礼，然后伺候皇帝听课
的展书官，上前帮皇帝把书打开。等讲官讲完了，再由展书官跪着上前把书
合上。讲课结束后，皇帝还要御赐大臣酒饭。各官员给皇帝先行叩拜礼，
然后到左顺门吃饭，吃完后回来再向皇帝行谢恩礼，一场"经筵"才算结
束。且不说听课的辛苦，就这套前后的繁文缛节，也足够把人累得够呛。

虽然累得够呛，但对于参与的官员来说，"经筵"却有
着重要的意义。首先，参与"经筵"得够品级。主持"经筵"
的，不是内阁大学士就是勋臣，都是朝廷的重量级人物，而
"经筵"的讲官，则主要由翰林学士充任。其次，担任讲课
的翰林学士，也基本属于朝廷的重点培养对象，未来很可

能就是国家的顶梁重臣。比如朱祁镇天顺年间的两位内阁重臣李贤和彭时，便是朱祁镇九岁登基时的"经筵"讲官。所以，在参加"经筵"这件事上，大臣们既相当有兴趣，又相当积极。

大臣们有兴趣，可皇帝们却是越发没兴趣的。事实是，当"经筵"作为一种制度化的模式确立，之后的历代皇帝参加"经筵"的次数与态度，真的是一代不如一代。朱祁镇的儿子明宪宗朱见深，以及孙子明孝宗朱祐樘执政时期，尚能保证"经筵"的如期举行，可朱见深参加经筵时，就已经很没有积极性了。按照《明实录》的说法，他经常无精打采地听，听完了连话都懒得说。如此消极，大臣们很是看不过去，御史陈音就曾上奏说："皇上您参加'经筵'，不能光听我们说，您也得提问题啊。"再到后来，"经筵"举行的次数越来越少，本来应该按时举行的"经筵"，经常会以各种理由取消，按照《明史》的说法就是"进讲之日少，辍讲之日多"。皇上也学会旷课了。

明武宗以及之后的皇帝，不但旷课，而且变得"光明正大"的旷课。明武宗朱厚照时期竟把每月三次"经筵"的规定，减为每月一次。而他的堂弟明世宗朱厚熜即位后，还曾下旨取消"经筵"。后来的万历皇帝朱翊钧更是把"经筵"改成"春讲"和"秋讲"，每年讲两次意思意思就得了。

一种在明朝初期为治国起到积极作用的"研讨会"，在明朝中后期，就变成了意思意思，成了一种毫无实际意义的礼仪。皇帝讨厌学习当然是主要原因，但皇帝为什么会讨厌"经筵"？其实明朝中后期党争日烈，"经筵"也变成了战场。文官给皇帝开"经筵"，表面上讲的是学问，其实却是以讲学为名，多讲国家大事和个人的政治主张，甚至还不乏借经筵的机会攻击政敌之人。《明史》说这是"讲官于正文外旁及时事"。也有一些老实巴交的讲

《宦迹图·日直讲读》　明·徐显卿

官，踏踏实实讲学问，但他们都是挑着讲，什么好听讲什么，讲出来的内容千篇一律。如此这般，"经筵"也就越讲越糟。皇帝当然越听越烦。

与"经筵"同时存在的另一种对皇帝的教育的模式，就是"日讲"。

日讲，和"经筵"差不多性质，都属于学术研讨会。但不同的是，"经筵"规模大，"日讲"规模小，"经筵"有固定的制度规定，"日讲"却是随机性的。通常来说，"日讲"都是在"经筵"举行完毕后进行，作为"经筵"的补充。它的规模也是正统初年确立的，比"经筵"要简单，只要四名讲官，大学士轮流值班，没有"经筵"那么复杂的礼仪模式，也不用仪仗排场，内容也比"经筵"要宽泛，包括经史子集。如果说"经筵"是一种制度化的课程，那么"日讲"的举行，更多却全凭皇帝的喜好。最早的"日讲"，只是"经筵"的一种补充，可明朝中期以后，"经筵"越来越不给力，"日讲"的地位也就扶摇直上。皇帝想学习，或者想探讨治国方略，一般都不会去参加礼仪繁琐的"经筵"，相反会宣召自己亲近的臣子，来给自己

单独上小课，这种小课就是"日讲"。如果说参加"经筵"，标志着该官员在朝臣中的身份地位，那么参加"日讲"，则标志着该官员在皇帝个人心中的地位——这是一种特殊的荣宠。明朝中后期的皇帝们，大都有自己亲近的文臣，比如明武宗亲近杨廷和，明世宗一度亲近夏言，明穆宗亲近高拱，明神宗亲近申时行。这些大臣们，也都有同一个身份——给皇帝"日讲"的。

皇太子的教育

　　历代的明朝皇帝，虽然对自身的教育经常是三天打鱼两天晒网，但他们对一个人的教育，那是绝不放松的。这就是对皇太

《松溪论画图》　明·仇英

的教育。

　　明朝皇太子的教育培养制度，最早也是朱元璋制订下来的。为了继承人的教育，朱元璋煞费苦心，甚至还为儿子建了个图书馆——大本堂。这里云集了当时中国最著名的各类典籍图书，并遍请各地名儒。朱元璋的太子朱标，其个人的教育团队，也是极其强大的，常年负责他日常教育的两位"赞善大夫"，一位是朱元璋的第一智囊刘伯温，另一位则是"浙东四才子"之一的章溢。日常授课的老师既有李善长这样的开国文臣之首，更有徐达这样的大明第一统帅，按照《明实录》的话讲，就是"群贤毕至"。

　　朱元璋所创立的太子教育体制——设文华殿大学士辅导太子，下面有詹事府詹事、少詹事、春坊大学士、庶子、喻德、中允、赞善、洗马、校书等官职，构成了明朝皇太子教育体制的雏形，这一制度对后世的影响较大。在明朝正统年间之前，太子读书，并没有明确的礼仪，到正统年间，太子出阁读书的礼仪正式确立：太子首次出阁读书的当天早上，先由礼部，鸿胪寺执事官在文华殿后殿行四拜，礼毕，鸿胪寺寺官为太子行礼，请太子到文华殿读书，皇帝要亲自出席，三师三少以及各官员按照次序向皇帝行叩拜礼，然后各官退出，内侍官引着太子在后殿就座，每天侍班、侍读、讲官依次前来。从此，太子的学习生活开始了。

　　从课业上说，明朝的太子读书是很辛苦的：上午主要是文化课，分为三项内容：读书、听字、写字。读书时每学一篇新课文，必须要在三日之内背熟，每三天就要测验一次。写字的量也很大，每年的春天、夏天、秋天三个季节，每天要写一百个字，冬天每天也要写五十个字。学习细节也抠得严，比如背书，不是说简单背过就完了，而是要字正腔圆，句读分明。而写字，也不是简简单单写完了事，而是要写得横平竖直，方正工整。

　　太子学得再辛苦，也不及侍讲官辛苦，侍讲官在讲书的时候，讲得明白是他的基本职责，但如果太子没弄明白，

出错了，侍讲官要大胆纠正，如果太子不好好学习，侍讲官更要敢于批评。太子是未来的皇帝，批评太子，有点与自己的前途过不去，但不批评也不行。所以侍讲官不仅辛苦，还有风险。

那么，什么样的人才能来当太子的老师呢？给太子选个好老师是最重要的事情。《明史》上说，给太子选什么样的老师，也是要有学问的。太子刚开始读书的时候，要给太子选择那些精通学问、治学严谨的老师，主要都是一些品行端正、铁面无私的老学究。等到太子年长后，却要给太子选择一些行政能力颇强的大臣，帮助太子学会理政。明朝历代太子的老师选拔，基本都沿用了这一原则。

这个看似合理的原则，到了明朝中后期，却也越发出现漏洞。我们看明朝中后期的诸多帝王，不难看到在他们做太子时，无不充满着诸如旷课逃学、贪玩享乐等行为，精挑细选出来的老师，对此似乎也越发没招。其中的一个重要原因恐怕就是，出阁读书的太子，其实还是孩子。

按照教育学的观点，孩子和成年人之间，往往容易出现代沟，师生之间的年龄差距越大，相互之间的代沟也有可能越深。那么，我们来看看那些主抓太子学习的老师们是什么年龄了。他们绝大多数都是老年人了，如果年轻点的，起码也得中年以上。能充当太子老师的那些人百分之百是老学究。他们学问精深、治学严格，和太子根本谈不上有什么共同语言。如果是个淘气一点的太子，叛逆更是一定的。

另外，明朝中后期，宦官的权位日重，陪太子读书的，主要就是伺候太子的宦官。在逃课、玩乐这类事上，这些宦官似乎更懂得太子的心理，他们和太子沆瀣一气。最典型的莫过于明武宗朱厚照做太子时，因他不爱学习，于是伺候他的宦官们，就经常巧立名目让朱厚照逃课旷学，他们不仅找借口取消当日的讲课，甚至是正在进行中的讲课，也会被他们破坏，不得不被迫提前下课。帮朱厚照太子逃课出力最大的宦官，就是后来正德朝时一度权倾朝野的"九千岁"刘瑾。

到了明朝晚期，就连皇帝本人对太子的教育也越发不怎么热心了。这其中的典型，就是创造三十年不上朝的万历皇帝。当时万历皇帝面临的一场重要的斗争，就是"争国本"。当时万历欲立郑贵妃所生的皇三子为储君，然而恪守礼法的文臣们，却坚持要立皇长子。皇帝和大臣们僵持不下，于是，万历索性破罐子破摔：干脆谁都不立，拖下去，谁怕谁？！这一拖，却把太子的教育问题也耽误了——万历的长子朱常洛，在八岁之后，差不多有五年没受过什么教育，文化水平极低。万历的孙子，也就是朱常洛的儿子朱由校也被拖累了，小朱由校常年教育不良，最爱干的事情就是干木匠活，等做了皇帝，就成了著名昏君明熹宗。

宫里的女人不容易

《女诫》，大明王朝妇女的基本评判守则

如果问哪一天，可以被看做是大明王朝的"妇女节"的话，那么最精确的答案，恐怕应该是农历三月初一。

因为在大明王朝建国的那年——洪武元年（1368）三月初一，明朝开国皇帝朱元璋，做了一件让大明朝的女人们，特别是与"第一家庭"的女人们有重大关系的事情：命儒生朱升编订《女诫》，并刊刻全国发行。这部书的主要内容，就是收录历代贤德后妃的光辉事迹，然后全国推广学习。尤其是朱元璋家里的女人们，更要在后宫开设讲堂，由主编朱升亲自主讲，包括皇后在内的所有嫔妃都要参加培训、学习。

之所以说负责编订的朱升是"主编"，而非作者，实在是因为

班昭，中国第一个女历史学家　　　　此图描绘的是东汉班昭援笔授书之故事

这部《女诫》大有来头，它最早出自东汉女文学家班昭之手，内容包括"卑弱""夫妇""敬慎""妇行""专心""曲从""叔妹"七章。单看这七个章节的名字，就能看出这部《女诫》的中心思想：教育女人要逆来顺受，伺候老公，大门不出二门不迈，打不还手骂不还口，礼敬公婆，不乱传闲话不造谣，不随便掺和事，就算自己不愿意，也要事事听丈夫的。受了委屈更要忍着，别人说你不好要听着。要谦顺地待人，学会讨丈夫兄弟姐妹的喜爱——这样的女人，才是百分百的好女人。

对班昭的这个评价标准，朱元璋是基本同意的，之所以要朱升重新编纂，是因为在他眼里，做一个百分百好女人，特别是"第一家庭"的好女人，还需要一个重要素质——不擅自专权干政。这一条，也被朱升不折不扣写入了编订版的《女诫》中。

从此之后，《女诫》，在相当长的时间里，成为大明王朝的妇女基本评判守则，无论宫廷还是民间，执行的都是

这一套相同的标准。而且在朱元璋的推广下,《女诫》不但风行全国,还相继诞生了两个"升级版":一个是朱元璋儿媳妇、明成祖朱棣皇后徐氏所编的《内训》,另一个是明刘氏所作的《女范捷录》。前者在认真学习《女诫》中的"后妃不干政"精神后,将其理论观点细化,以单独成书的方式深入解读。后者则继承发扬《女诫》中关于好媳妇的各类评价标准,不仅以理论的形式进行剖析,更精选大明朝具有典范意义的好人好事,真实记录并热情讴歌。这两部书,加上唐朝宋若莘的《女论语》以及班昭原版《女诫》,被后世并称为"女四书"。在新文化运动之前,一直是中国封建社会对女性进行三从四德教育的专用代表教材。

由此也可看到,如果穿越到明朝,却做了一个女人,那着实是一件不幸的事情。因为在那个时代里,如果要当一个好女人,按照《女诫》等主流妇女教科书的规定,恐怕只有一条路——做个老实巴交的受气小媳妇。

明朝的平民皇后是这样海选出来的

但在明朝的"第一家庭"里,要做个好女人,却不光光要做个受气小媳妇了。作为皇室成员,有《皇明祖训》管着,偏巧又是个女人,又有《女诫》管着,典型是受"二茬罪"。

朱元璋之所以要苦心打造这部"百分百好女人宝典",也并非是有意要让家里的女人受"二茬罪",最重要的原因是,他吸取了历朝历代由于后宫干政而导致国势衰弱的教训。他的第一追求就是:保证大明历代帝王的法定老婆,从皇后到宫女,都是百分百的好女人。

为了实现这个理想,朱元璋煞费苦心,除了编《女诫》搞思想教育外,在制度上,也大伤脑筋,比如——明朝皇室选老婆的程序。

从表面流程上看,明朝皇室选妃的过程,与其他封建王朝相比都差不多,都是先四面撒网,从民间选拔,然后层层淘汰,给皇子找到意中人。

然而,相比之下,明朝皇室的选妃,是中国历代封建王朝中最为深入群众的,因为朱元璋从一开始就定下了调子——凡天子、亲王之后、妃、宫嫔,慎选良家女为之,进者拂受。翻译成白话就是:皇帝以及亲王的老婆,无论是正房的皇后,还是偏房的妃子,都要通过严格的选拔程序,优先选择"良家女",也就是平民百姓家的女子。至于那些主动给皇室"献美人"的,一律不接纳。而这个基调,也被整个明王朝不折不扣地执行了。整个明朝的皇后中,真正出身勋贵世家的只有两人,一位是明成祖的皇后徐氏(中山王徐达之女),另一位是明宪宗的皇后吴氏(怀宁侯孙堂的外甥女),其他的皆出身平民家庭。就这仅有的两位,徐皇后是沾了老公朱棣扯旗造反成功的光(原本是燕王),而吴皇后只过了一个月皇后瘾,就因开罪于明宪宗最宠爱的万贵妃,被黯然打入冷宫,并连带家族爵位被夺。贵族家的女子母仪天下,这种事放在明

万贵妃雕像

朝，反而成了低概率。

所以对于打算穿越回明朝当皇后的现代女生来说，真穿越回去，做个平民家的女孩，是比做个贵族家小姐更有机会的。所谓灰姑娘变王后的童话，放在明朝非但不是童话，相反是实话。

而为了实现这个"童话"，每一个怀有皇后梦的女孩，都要经过艰苦卓绝的选拔过程。

如果说朱元璋的选拔基调已经很深入群众的话，那么接下来的选拔过程，就更加深入群众——堪比今日综艺节目选秀。

选拔的第一步，就是"海选"，每到皇帝或者太子要大婚的时候，皇室都会派太监四处撒网，在全国各地挑选五千名少女，年龄在十三至十六岁，被选中者由皇室出钱，在规定时间内送女儿至京城参选。这一环节的选拔标准，每一次都不同，归根结底，要看运气了。

至于在这一环节中群众的参与热情程度，是依"选拔赛"的终极目标及规则而异的。通常说来，如果选拔的仅仅是秀女，那应者基本寥寥，逼急了还会发生诸如"拉郎配"之类的事。如果选拔前直接写明：这次要选妃，被选中的都有名分，那就不同了，基本可以用蜂拥而至、打破脑袋来形容。不管是热情参与还是应者寥寥，女生的家长们，总免不了要给负责"海选"的宦官塞钱，以至于还发生过诈骗事件——明朝隆庆年间，一个叫张进朝的宦官假传圣旨，在湖北地区为皇室搞"海选"，半个月骗取白银十万两。

海选过后的第二轮选拔，则是在京城举行。宦官们会把参选少女集中在一个大场地上，按照年龄排序后查看，以身材为标准，淘汰掉其中的一千人。太高的会被淘汰，太矮的也会被淘汰，太胖的当然不能要，太瘦的也不能留。按照明朝宫廷服装等文物参照，明朝皇室选拔皇后的标准身高大约在一米六五，也就是说要身材适中，体型匀称的。第二天，依然是同样的场地，则要进行第三轮选拔——看五官，包括头发、眉毛、眼睛、鼻子，以及说话的音色，有一项不合格立刻淘汰。长得丑的自然难免淘汰，长得漂亮却也未必安全，太漂亮了，会被认为太"妖媚"，照样淘汰。这一轮淘汰率高，大约要刷掉两千人，剩下的两千人，在第三天会接受新的测试项目——量脚。封建时代三寸金莲为美，大脚肯定首先被刷掉，小脚却也未必安全，脚的大小合格后，还要接着测试走路的仪态，这一轮筛选后剩下的一千人，得以晋级入宫。

　　晋级入宫的这一千人，原则上说，已经拿到了留京指标，至少能留在宫里做宫女，成为皇帝的法定老婆。剩下的比拼，主要是争夺做老婆的级别了——是皇后还是普通宫女。首先要过的是体检关，一千名宫女要分批进入密室，由老宫女们进行身体检查，身上有疤痕的，或者皮肤不够光滑细腻的，首先要被淘汰。这一轮也是淘汰比率最高的一轮，要淘汰掉其中的百分之七十——留在宫里干粗活。

　　剩下百分之三十的幸运儿，也就是三百名宫女，要进入一个考验耐力的环节——留宫查看。这三百人，会留在皇宫里考察一个月，由太监观察她们的饮食起居并向皇室汇报，从中再筛选出五十个被认为性情温厚的女子。其考评的标准，自然以《女诫》为准。得以入选的五十人，等于是进了"保险箱"，即使下一轮被淘汰，也能有一个嫔妃的名分。

　　五十个"嫔妃"要进入的下一轮淘汰率最残酷，这一环

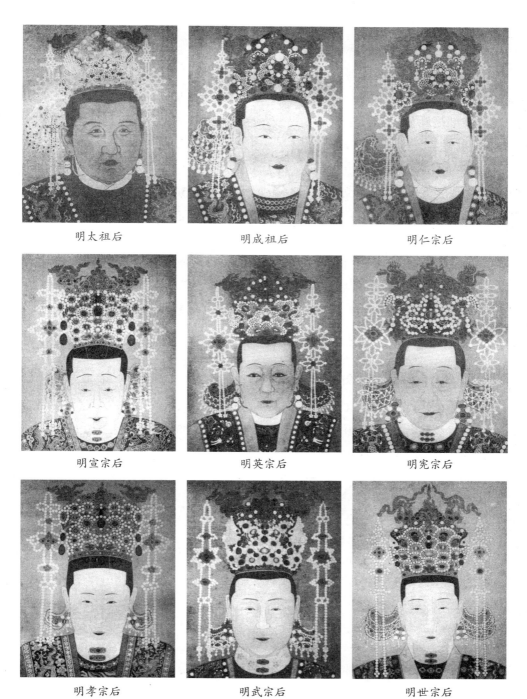

明太祖后　　　　　　明成祖后　　　　　　明仁宗后

明宣宗后　　　　　　明英宗后　　　　　　明宪宗后

明孝宗后　　　　　　明武宗后　　　　　　明世宗后

节也是最考验运气的环节：由太后或者太妃亲自验看，从五十个女子中选出三个，交给皇帝亲自遴选。这时，一场选秀大赛才开始进入半决赛。而胜利进入半决赛的三位选手，则要在皇帝面前展开一场没有硝烟的PK，要由皇帝最终确认这场"比赛"的最后胜利者——皇后的人选。母仪天下的皇后，就这样诞生了。

在这整个过程里，也不乏暗箱操作，比如从5000人到1000人的几个环节里，拥有话语权最大的，就是负责遴选的太监。塞红包是少不了的。而从1000人到300人的环节，收钱的对象就变成了负责体检的老宫女，300人到50人的环节，则要上上下下的打点，50选3的环节，基本上是属于赌运气的一环。而3选1定皇后虽然由皇上亲选，但太后中意谁，事情也就基本定下来，最后皇帝遴选，其实也是秉承太后的意思，大多数情况下，其实是走过场。

这就是明朝皇后的整个选拔过程，比起明朝的科举来，不难发现其难度更大。科举虽然也要凭运气，但更重要的是也要有真才实学。在明清时代，科场舞弊等频发，考中状元难之又难，但对比起来，做皇后的难度，至少是考状元的平方。

苦命公主嫁到

比起皇帝的老婆来，皇帝的女儿——公主们，也着实不容易。做皇室的老婆难，而皇室的闺女要嫁人，却也同

《宫中图—自弹自唱》 明·杜堇

样难。

明朝三个世纪的历史上，皇帝们共生养女儿92位，但其中获得公主封号的，只有77位，加上明朝开国皇帝朱元璋的姐姐与侄女，明朝拥有公主封号的女子，共有81位。之所以有些皇帝的女儿没有公主封号，主要是因为她们早夭，因此没有册封。在家庭子女地位上，明朝同样重男轻女——公主的名分，并不是生下来就有的，就算你是皇帝的亲闺女，也要老老实实地熬时间，明初的时候，通常是要到公主出嫁前两天才给封号，后来总算政策灵活点了，但也大多要到公主成年之后册封。

如果细看这81位公主的"结婚率"，却是一个差强人意的数字：下嫁者一共57位，刚刚过百分之六十。而这其中如愿嫁得好郎君的，随着明朝时代的演进，却越发的屈指可数。

明朝公主的婚姻，和那年头民间嫁女儿一样，属于包办婚

《宫中图—乐人演奏》 明·杜堇

姻。在明朝朱元璋至朱棣三代帝王统治年间，公主的丈夫，主要是从勋贵子弟中选取。到了明朝正统年间，公主择婿逐渐形成了制度：一是禁止文武大臣家的子弟参选。二是驸马的选择，也是通过海选方式进行，由礼部主持，参选条件是年龄十四至十六岁，且拥有京城户籍（北京市户口）的在京普通官员以及良家子弟。要求容貌端正，举止端庄，家室清白，富有教养。如果京城找不到合适的，就把选拔范围扩大到山东、河南、河北三地，通常都是以海选的方式选出三人，再由皇帝相看，确定其中一人。有幸获选的幸运儿，也并不是立刻就能娶到公主，而是先要参加礼部举行的"学习班"，通过学习考核合格后方能与公主结婚，也就成了我们通常说的"驸马"。

对于平民百姓来说，驸马的诱惑力是非常大的。明朝的驸马，全称叫做"驸马都尉"，可以居住在国家赠予的豪宅里，享受着每年两千石禄米的高薪，每年的计划外收入也

多，比如有朝廷的赠田和赏赐。驸马的父亲也会因此沾光，可以被授予兵马指挥使的虚职并享受俸禄，其儿子也可世袭成为锦衣卫指挥，属于厅级干部。当然，从行政级别上说，驸马还是属于公主的下属，见了老婆的面，依礼要向老婆下跪，公主吃饭的时候，驸马更要侍立一旁，也就是公主吃着，老公看着，公主站着，老公跪着。对比驸马一家的优厚待遇，这些算是"幸福的代价"。

为了这"幸福的代价"，在当时，每到招驸马的时候，各地都有好青年蜂拥而至。理论上说，以如此严格认真的选拔标准，如此富有吸引力的条件待遇，给公主选个好驸马，貌似是没问题的。

理论上是这样，实际上却全走了样。

先说对驸马的考评。驸马的考评，除了要考评驸马本人的条件外，他的家庭身世，也是考评的重点内容。如此一来，有时候好端端的婚姻，就容易"烤"糊了。明世宗朱厚熜的女儿永淳公主，便是这个考评机制产生的"杯具"。当时，明世宗为女儿招驸马，确定了一个叫陈钊的青年，这小伙一表人才知书达理，明世宗起初越看越喜欢，拍板就把婚事定下来了。可后来得知，陈钊的母亲是个小妾，这下明世宗不干了，果断地替女儿退婚。但公主婚期已定，于是明世宗下令抓紧时间重新海选。仓促之下，好不容易选来了一个家世清白的谢昭，可相看以后才知道，这位谢公子貌丑不说，还是个秃头，明世宗有心悔婚，无奈婚期迫在眉睫，皇家的面子朝哪搁，只能打落门牙往肚子里咽——嫁！

更漏洞百出的是驸马的海选环节。和皇帝选老婆一样，公主选驸马，最初的海选也都是由太监操办，且中间缺少监督，只要敢塞钱，阿猫阿狗也能蒙混过关。万历皇帝朱翊钧的妹妹永宁公主，就是吃了这个大亏。当时万历帝大张旗鼓给妹妹选驸马，一来二去，总算挑中了一个，小伙子叫梁邦瑞，富商出身且相貌不差，外加操办的太监把他夸成一朵花，万历帝也就拍板认可了。可婚礼当天就发现不对劲，这哥们穿着婚袍，却当场狂流鼻血，把现场来宾都吓得够呛。关键时刻还是太监会说话，当场奉承说：婚礼见血是大红，这吉利啊！万历帝想想也对，于是就没往深里想。谁料结婚才一个月，公主就嚎啕着回来了：这位梁公子其实是个痨病鬼，参加海选的时候就病得够呛了，全靠给太监塞钱才混进来，送进洞房后，体弱得连夫妻生活都过不了，蜜月都没过完就一命呜呼了。可怜永宁公主贵为金枝玉叶，却是才为人妇，就做寡妇。那年头已是明朝中晚期，所谓封建礼教在民间早已不作数，照《三言》的说法，女子离婚再嫁，那是正常不过。可放在皇室，却依旧条令森严。公主守寡，那是一定要守到底。不出几年，永宁公主郁郁而终，终于守寡到底了。一生幸福全让迷信哥哥和财迷太监毁了。

而就算是择婿满意，婚姻顺利，公主驸马的婚后生活，依然时刻充满"幸福的代价"，最典型的幸福代价是：公主驸马的夫妻生活，也不是随便想过就能过的。

因为从家庭关系上说，公主驸马是夫妻，但从行政关系上说，公主是皇室，驸马是臣子，属于上下级。下级要找上级办事，通常都要申请，夫妻生活这类重大事件，同样也要申请。平日里，公主驸马，也都是分房而居的，公主在内室，驸马在外室。

做驸马的，要申请过一次夫妻生活，那真比闯关还难。倒不是公主本人不乐意，而是公主并非一个人在战斗，陪公主嫁过来的，还有诸如保姆、奶娘等各色人等，申请一次夫妻生活，就跟进庙烧香一样，那样一级一级往里烧，一关一关往里闯。

最难过的一关，莫过于公主的管家婆，即我们通常所

《宫中图—画美人像》　明·杜堇

说的嬷嬷。在公主与驸马之间，看似地位卑微的嬷嬷，却是横亘在公主驸马之间的一道铁门，公主驸马的夫妻生活过不过得了，一个月过几次，全是她说了算。

一般说来，公主和驸马要过夫妻生活，流程是这样的：由公主宣召，接到宣召的驸马，前来觐见公主，然后夫妻团聚，完事收工。

可有嬷嬷在，事情就不一样了。公主能不能宣召驸马，得看嬷嬷是不是同意，如果没给嬷嬷好处，嬷嬷不会同意，赶上嬷嬷不高兴，也不会同意，个别倒霉的公主，摊上个心理扭曲变态的，见不得年轻人恩恩爱爱的嬷嬷，那更是只能认倒霉了。

公主之所以怕嬷嬷，主要因为嬷嬷都是老宫女，在宫里扎的时间长人脉广，尤其和实权太监交好，轻易得罪不得，虽然一个是主一个是仆，却还要看人家的脸色。

而接到传召的驸马，如果不给嬷嬷塞好处，那么即使接到传召，你也进不去公主的房门，因为门口有铁青着脸的嬷嬷挡着。有些驸马会绕开嬷嬷，趁嬷嬷不在的时候来会公主，可一旦被嬷嬷发现，后果就很悲惨：嬷嬷会像捉奸一样把驸马逮出来，打得驸马这辈子都不敢偷着来。好好的夫妻，就这样整得和偷情似的。

绝大多数的驸马和公主，就是这么憋屈着过了一辈子，当然也有奋起反抗的，不过虽然胜利了，代价却是惨重的。比如《万历野获编》里所记录的万历皇帝朱翊钧的女儿寿宁公主就是一例。

这位寿宁公主的来头可不简单，她是万历帝最宠爱的贵妃郑贵妃的女儿，万历帝有十个公主，夭折了八个，仅存的两个中，寿宁公主是他最疼爱的掌上明珠。后来寿宁公主嫁人后，万历皇帝还分外想念，嫁人的时候就特意下旨，命公主每隔五天就要回宫一次。

可就是这样一位备受宠爱的公主，结婚后却一直受嬷嬷的欺负。她和驸马冉兴让，婚后一直感情和睦，偏偏多出个嬷嬷梁英女。这女人脾气古怪，尤其见不得男欢女爱，公主要宣驸马，总是想方设法阻拦，公主驸马花了不少银子，赔尽了笑脸，却是该骂还是骂，该不让见，还是不让见。

日久天长，小夫妻也忍无可忍了。趁有一次嬷嬷不在，冉兴让干脆摸进公主房间，二人痛痛快快私会一回。偏在卿卿我我的时候，嬷嬷回来了。这下可炸锅了，嬷嬷当场卷袖子打骂，公主也忍够了，和嬷嬷大吵一通，随后夫妻俩豁出去了，打算分头进宫，驸马去找老丈人万历帝揭发，公主

去找母亲郑贵妃哭诉。同心协力和嬷嬷斗到底。

按理说，这小夫妻该有百分百的胜算，一个是皇上、贵妃最疼的掌上明珠，一个是掌上明珠的老公，对面不过是个老宫女，胜负似乎一目了然。

可真斗起来才知道，小两口还是太嫩：那梁嬷嬷早利用相熟的太监，跑到公主生母郑贵妃面前颠倒是非，把公主思念驸马，和驸马相会，说成是不守妇道。结果郑贵妃大怒，公主来了三次都被挡在门外。另一厢的驸马更惨，被挡驾见不到万历帝不说，还被嬷嬷的亲信太监找人一顿暴打。还没等着冉驸马去告状，万历帝的圣旨反而下来了：斥责驸马乱搞事情，反命他夺职反省。一对合法的夫妻，争取合法的夫妻生活，却争来一顿暴打和母女反目，还被夺职反省的窝囊结果。

不过他们还算是幸运的，因为这件事情过后，事情的始作俑者梁嬷嬷，被调往他处。虽然打人的宦官没有遭到任何处罚，但相信公主驸马已是很知足的，因为他们终于可以正大光明地在一起了。在整个明朝的三百年里，他们或许是唯一一对可以正大光明的在一起的公主驸马。虽然过程惨痛了些。

众阉群像

如果要问,在我们今天熟悉的明朝题材古装剧中,扮演反派角色最多的明朝职业是什么?绝大多数人的答案,恐怕只有一个——太监!

许多后人对明朝历史的印象中,太监,也自然而然地成了这样一群人:啥好事都不干,啥坏事都干得欢。啥钱都敢贪,啥人都敢杀。皇帝是他们连蒙带骗教坏的,大明江山也是他们吃喝嫖赌祸害没的。要找大明王朝灭亡的罪人,这帮人第一个跑不了。

而明朝的宦官们,真的有这么大的能量,强大到可以为一个王朝的灭亡负全责的地步?

姑且算这是真的吧。只是,假若是真的,那么对于每一个穿越到明朝,同时又怀着报国之梦,渴望建功立业的有志青年们来说,这些"权阉"们,恰恰将是他们面对的最直接也最为强大的对手。

要想战胜一个对手,就要首先了解这个对手。所以要战胜太监,就要首先了解太监——明朝的太监。他们的组织机构,他们的典型人物,最重要的,他们为什么会如此强大?

太监是这样变强的

明朝宦官制度

在许多人眼中，那些后来如雷贯耳的"权阉"们，他们的发迹之路，是说难也难，说容易也容易的。难在那成为太监的要命一刀，而容易在于熬过这一刀后，机缘巧合拍对了某位实权人物（皇帝或者皇妃）的马屁，从此就可以摇身一变，从一文不名、身份卑微，变成呼风唤雨、权倾朝野。很无耻，却也很幸运。

然而对于每一位"权阉"而言，在他们看似很无耻、很幸运的发迹之路背后，却都有着鲜为人知的，很艰难很辛酸如炼狱一般的拼杀。要了解这鲜为人知的拼杀，需要先了解他们拼杀的战场——明朝的宦官制度。

明朝的宦官制度，在各级官职名称，以及整个行政体

制上，都与前朝有极大的不同。原因在于明朝开国皇帝朱元璋，最为忌惮的事情之一便是宦官专权。所以在明朝建国后，即使是宦官中品级最高者，也不过四品，俸禄不过禄米一石。同时，朱元璋对内宫宦官的权力分配，也作了极度细化，号称内监二十四衙门，分为十二监四司八局。希望通过建立如此庞杂的机构，令宦官的权力分散，达不到统一。这一方法对于整个明朝宦官力量的消长，起到了一定的作用，虽然朱元璋"禁止宦官干政"的愿望在明中后期成为泡影，但他设定的宦官制度，使宦官权力始终难于统一，如唐朝宦官那样大权独揽，甚至操纵皇帝如木偶的闹剧，在明朝根本没有可能。

也正是这样的现实，确立了明朝历代权阉们唯一的人生追求：操纵皇权不指望，借皇权狐假虎威才是真。

可对于每一个初入行的宦官来说，这样的梦想，前路漫漫，艰险重重。如果说升官如爬山，那么宦官从底层爬升到顶层，就是在爬喜马拉雅山。其艰难之处，正在于明朝宦官制度、机构冗杂、等级森严。

这个体系的第一个特点，就是山头多。所谓的"衙门"，最高官职不过四品，山头却有二十四个，这其中的十二监，分别为司礼监、御用监、司设监、内宫监、神宫监、御马监、尚膳监、尚宝监、印绶监、直殿监、尚衣监、都知监。另外还有"四司"，分别是惜薪司、钟鼓司、宝钞司、混堂司，以及"八局"，分别为兵仗局、银作局、浣衣局、巾帽局、针工局、内织染局、酒醋面局、司苑局。上述机构，合称为"二十四衙门"。按照现代管理学的理论看，这样的机构设计是极其不科学的，许多衙门的职能重叠，办起事来相互掣肘，单个衙门能够承担的职能，拆分给多个衙门。如此的相互牵制，办事效率势必打折。可朱元璋要的就是这样的不科学，谁都专不了权，那么谁也威胁不到皇权。

　　无论我们走到哪个"山头"，仔细看看其内部的等级结构，恐怕又会看到更不科学的景象：每一个单个的衙门里，都有森严的等级设定，比如十二监中，最高级别负责人统称为"太监"（在明朝，"太监"一词只有宦官中最高一级的群体才可用）。下面分别是少监、监丞、奉御、听事各级名称，最底层的为杂役。而在"八局"中，称呼则大同小异，分别为"经理""管理""监工"等名称，一样的等级森严。可以想象，在这样一个山头林立、等级森严的体系中，初入行的宦官，从最低级别的杂役干起，不说成为权倾朝野的大太监，即使是在他所在的衙门里，熬得一个相对高一点的行政级别，恐怕也要把几十年搭进去。

　　能从这样一个体系中，自下而上地熬出头来，并最终成为宦官行业中的佼佼者，甚至能够青史留"名"的宦官，无论正邪，都当属其中能力最优秀者。

　　当然，除了能力之外，运气也很重要。有很多时候，一个宦官到底能够混成什么样子，似乎是从他刚入这行时就注定了的：在分配工作时，你究竟被分配到了"二十四衙门"中的哪一个单位？因为山头林立的"二十四衙门"从表面上看都一样，但论分量，不同的衙门，就有不同的分量。

　　分量最重的就是"十二监"中大名鼎鼎的司礼监。在朱元璋时代，他的职能只不过是掌管皇城出入关防，可到了明宣宗朱瞻基在位时代，他的地位便如一支绩优股，权力一直蹭蹭上涨，到明朝末年的时候司礼监的地位如日中天。原因是它掌握了大明中央的重要权力——奏折批阅权

《万历野获编》书影

和盖章权,尤其是盖章权,即影视剧中常说的"批红"。同时,在特务组织"东厂"成立后,东厂提督太监的职位,通常也都是由司礼监的二把手,即司礼监秉笔太监兼任。也就是说,在山头林立的宦官体系中,司礼监既参与行政权,又掌握监察权,其权位之重,堪称二十四衙门中的翘楚。而在级别设置方面,司礼监分为掌印太监、秉笔太监和随堂太监三级,外加他还掌管宫中负责印刷藏书的经厂,由司礼监提督负责,下属级别为掌司,即使是初入司礼监的"菜鸟"宦官,其行政级别也要高于其他衙门的"菜鸟"们。对于宦官来说,进司礼监,等于少奋斗十年。

仅次于司礼监的,便是掌握大内兵权的御马监。按照《万历野获编》作者沈德符的说法,御马监甚至可称为"十二监第一署"。在朱元璋时代,它只负责宫廷养马等事务;到了朱棣统治时代,开始从各地选拔精壮,组成由御马监掌管的宫廷禁卫骑兵;到了明宣宗在位的时候,规模进一步扩大,组成了拥有两万士兵的"四卫军"。他们开始在战场上扬名立万,则是在正统十四年(1449)的北京保卫战中,在明朝三大营精锐全军覆没土木堡的危机情形下,御马监骑兵在彰义门之战中力挫骄横的瓦剌骑兵,立下保卫北京大功,也从此成为名动天下的强兵。他们除了直接担负军事作战任务外,御马监的宦官们,还担负着监军责任,时常受命出外担任监军,并在各地担任镇守太监。其对军权的参与和话语权,使御马监的地位自永乐时代开始扶摇直上,成

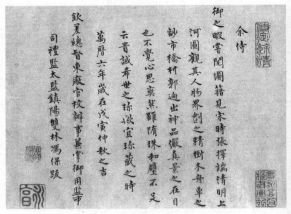

明朝司礼监秉笔太监冯保墨迹　　　　　　　明代御马监令牌

为二十四衙门中的另一重量级机构。而明朝"山头林立"的宦官体系，也因此形状凸现：一个由司礼监——御马监——东厂构成的权力三角形。

因此，如果一个"菜鸟"宦官，有志成为宦官行业中的领军人物，那么他的第一步，便是要进入这个权力三角形，否则就算一时得势，也无法长久。

然而要进入这个权力三角形，仅凭运气是不够的。后人在评说某宦官得势时，总喜欢把"逢迎拍马"当做第一原因。事实上，在明朝要得势，就要进入这个"权力三角形"，可要进入这个权力三角形，仅会拍马却远远不够。因为这个权力三角形里，无论哪一角都属于业务性极强的单位，只会拍马而没能耐的进来，不止毁自己，更毁单位。

事实是，这两个足以令"菜鸟"宦官少奋斗很多年的衙门，对其成员的选拔标准，也是二十四衙门中最为严格的。明宣宗时代，明朝开始在内宫设立"内书堂"，由大学士教授宦官读书。这可以说是明朝的"太监培训班"，这样的培训班，也不是阿猫阿狗随便可以进的，是要经过挑选后才能进入"培训"。通常都是从新进来的年轻宦官中挑选聪明伶俐或是肚子里有墨水的。后来权倾朝野的大太监王振，就是因为其入宫前有过教书先生的工作经历，得以优先选用。且不论后来他做的事如何，单说进这个班，他确实够资格。御马监也是一样，这衙门干的是打仗的活，对武艺甚至军事谋略都有要求，在这个衙门崭露头角的不少宦官，诸如正德年间平定安化王叛乱的张永等人，都是有打仗真本事的。

所以能在明朝混到呼风唤雨级别的宦官，抛却人品不谈，论能力，都是有一把刷子的。他们走向权力高峰的每一步，除了低眉顺眼的巴结外，更有咬牙切齿的拼斗，是在刀光血影中结结实实地杀出来的！

四大权阉奋斗史

放在明朝的"四大权阉"身上，正统时代导致土木堡惨败的王振，是在"权力三角形"中的司礼监里扶摇直上的。他之所以成为太监，是因为当时后宫"太监培训班"成立。当时，明王朝面向全国征召教书先生，允许他们在有子嗣的情况下净身入宫，参加"太监培训班"，王振就是为数不多的报名者，入宫之后，他先上"太监培训班"，培训结束后，被安排在太子朱祁镇的东宫中，做了一名"局郎"，主要工作就是督促太子学习，教太子读书习字，并因此取得太子的信任。虽然有许多史料声称，王振是因为擅长逢迎拍马，并时常教唆朱祁镇玩乐，因此讨得其欢心。但就朱祁镇对王振的称呼上看，"王先生"的称呼终其一生，哪怕后来君临天下，他对王振的称呼也始终如一。显然在朱祁镇的心中，王振并非是一个陪他玩乐的弄臣，而是一个认真教育他学习的老师。也因此，王振在朱祁镇登基后迅速青云直上，荣升司礼监掌印太监，权势喧嚣一时。朱元璋生前留下的"禁止宦官干政"的铁牌，也被他叫人砸碎。明王朝

王振雕像　1457年十月，明英宗朱祁镇复位后为王振雕像招魂

历史上第一个"宦官专权"的时代，从他手中开始了。纵观他的发迹，很幸运，但归根结底，却还是因他的专业优势。

　　相比起有专业优势的王振来，同为明朝四大权阉之一、四十多年后明宪宗时代的汪直，其奋斗道路，却要坎坷得多。汪直的起点要比王振低得多，王振一入宫就进了"太监培训班"，毕业了就当"局郎"，走到哪里，人家都尊称他一声"王先生"，汪直却没有这样的尊敬，因为那时候的他，只是一个被人鄙薄的战俘。

　　汪直是瑶族人，和王振自愿净身入宫相比，他进入宦官队伍，完全是被动、被逼的。成化三年（1467），明朝广西大藤峡爆发叛乱，被名将韩雍镇压，当时的汪直，就是叛军中的一员。战斗结束后，汪直成为了战俘。明朝有这样的规矩，在战俘中选择部分人，净身后入宫做宦官。汪直就这样被选中了。

　　受人鄙薄的叛军身份，孤身入宫做太监，自然是孤苦

伶仃举目无亲。而且两大"少奋斗×年"的宦官衙门——司礼监与御马监，一开始统统与他无缘。他被分派到明宪宗的妃子万贵妃身边，做了一个普通的杂役。他那时候的年龄，史书上没有写，但十年后他荣升西厂提督时，《明史》上还说他"年少最得宠"，十年后尚且年少，那么十年前，他可能还是个孩子。

当然，这孩子唯一发迹的机会，可能就是他伺候的万贵妃，这位年长明宪宗十九岁的贵妃，却是明宪宗最为宠爱的老婆。可这女人性格暴烈，心机偏狭，可谓极难伺候。经常有小太监挨罚，轻则挨打重则处死，谁伺候她谁倒霉。所以当汪直到万贵妃那里当差，在当时无论怎么看，这个倒霉孩子的一辈子，也就这样交待了。

然而奇迹却真真切切地发生了，伺候万贵妃的汪直，很快就把万贵妃伺候得心花怒放。没进御马监的他，不出九年，就在万贵妃的扶植下，成为位高权重的御马监掌印太监，牢牢抓住大内兵权。升迁速度如此之快，在当时也招来了诸多口水，比如文官集团首脑商辂就写奏章骂他，同行之一，司礼监秉笔太监怀恩也背后骂他。可骂归骂，汪直该升官还在升官。

于是关于他的升迁，多数人认为是靠了善于拍马，讨好了万贵妃。然而大家却忽略了一个事实：万贵妃，这个陪伴保护明宪宗度过最黑暗岁月，一生久历沉浮的女人，不是随便就能拍得上马屁的。汪直确是得了万贵妃的宠，那是因为，他有别人所没有的本事。

和四十年前伺候朱见深他爹的王振一样，汪直也是有专业优势的，而且优势还不止一个。

龙凤珠翠冠（北京定陵出土实物）　　　　凤冠（湖北蕲春蕲州明刘娘井墓出土）

首先一项，就是他敏锐的洞察力和高效的行动力。凭这个能耐，他帮万贵妃缓解了一个最大的心病：后宫"计划生育"工作。

作为明宪宗最宠爱的妃子，万贵妃最重的心事，就是没能为朱见深生一个孩子。一开始生了一个，却不幸早夭，虽然被明宪宗专宠，可她已过生育年龄，再生怕是不可能了。而宫里也有其他的嫔妃，万一有人生下龙种，再万一被立为太子，更万一明宪宗走在自己前头，那自己的下场，那是板上钉钉的惨了。

所以在亲子夭折的那刻起，万贵妃也就横下了一条心：我不生，别人也休想生。可这着实是个高难度动作，一是眼要尖，皇上今天宠幸了谁，明天谁怀孕了，情报是需要第一时间捕捉到的，解决行动也是需要快速完成的，更重要的是，绝不能让老公明宪宗知道。既要敏锐洞察，还要高效行动，更要严格保密。这高难度动作，别说万贵妃这个女人家，就是换个壮老爷们，也得累趴下。

于是不怕累的汪直横空出世了，他行。

从接到万贵妃任务之后，近两年的时间里，汪直勤勉工作，就像他后来在御马监和西厂干的那些事一样，即使是最恨他的人也承认，这是一个具有高效行动能力和勤勉工作态度的人：他在皇宫的上上下下都密布了眼线，宫里谁怀孕，他第一时间就知道，知道了就毫无手软，抢在明宪宗知道前火速下手。他创造了一个皇宫计划生育的奇迹：在成化六年（1470）皇长子朱祐樘出生前，整整三年时间，后宫里居然一个子嗣都没产下来。虽说这事干得缺德，但这种缺德，也不是随便谁都能做得来的。

　　凭着这件缺德事，汪直很快在万贵妃的扶植下步步高升，十年后成为御马监掌印太监。而这时候另一件事，却更让他在万贵妃老公——明宪宗朱见深面前大展身手。当时京城流传着"妖狐"的流言，明宪宗命汪直调查，结果汪直一不大张旗鼓派兵，二不严刑拷打，自己仅穿一身破棉袄在京城化装游荡，不出两天，就在京城的大街小巷把明宪宗想要的情报打探得清清楚楚，并如实汇报给了明宪宗。这件事，让汪直在皇帝面前又一次展示他的能力，更让汪直从皇帝的需求中想到了另一件事。在明宪宗的支持下汪直开设了新的情报组织"西厂"，与传统情报部门"东厂"分庭抗礼。从而将宦官界的监察权与兵权集于一身。一跃成为堪与王振、刘瑾、魏忠贤齐名的权阉。

　　汪直能平步青云，除了强大的执行力外，还有另一项能力，这项能力，恰是之前王振的短板——打仗。

　　在汪直因开设西厂，招致怨声载道，不得不暂避风头后，他很快就在另一个领域找到了自己的位子——打仗。以御马监总管的身份，他先是于成化十五年（1479）监军辽东，击败入侵的女真部落；次年，又与兵部尚书王越搭档，率军抗击入侵河套的鞑靼部落，在战斗的关键时刻，他支持了王越"直捣黄龙"的战略，以

李善长像

王阳明像

骑兵突击鞑靼部设在咸宁子海的老巢，一举重创敌军。事后论功行赏，王越受封咸宁伯，成为明朝三百年里，仅有的三位因战功得以封侯的文臣之一（另两位是明朝开国功臣李善长和大儒王阳明），汪直的权势声威，也因此到达了顶点。

所以说，如果穿越到明朝，并恰好成为"权阉"的对手的话，无论王振还是汪直，都是极其不好对付的。王振是个专才，拥有文士的狡诈心机，汪直则是个通才，既有敏锐的洞察力，更有超强的判断眼光，还有丰富的军事经验。遇到这样的对手，无论穿越成一个大侠，或是一个文臣，甚至一个武将，恐怕都会极其头疼的。

而这两位权阉的发迹路，在充满差异的同时，也有一个共同点：他们都是在极短的时间里，充分将自己的优势最大化，并一举奠定事业，实现人生目标的。而四大权阉的中的另两位刘瑾和魏忠贤，却显然没这么好命，相反，这二位都是经历了漫长而艰辛的岁月，经过日复一日的苦熬，不

屈不挠的钻营，最终苦尽甘来，在人生进入中老年的时候，成功登上宦官行业的权力巅峰。

四大权阉中的第三位，正德年间的刘瑾，就是这种"大器晚成"的典型。正德元年（1506），他权倾朝野只手遮天的时候，已经是五十四岁高龄，而他入宫成为宦官的时候，却只有六岁。为这一天，他熬了整整四十八年。

论做宦官的资历，刘瑾比起他之前的汪直来，是可以倚老卖老的。汪直还在大藤峡叛乱的时候，刘瑾就已经是后宫宦官队伍中的一员了，早在景泰五年（1454），年仅六岁的他就因家境贫困，被他的谈姓父亲过继给了一位刘姓宦官做养子，从而净身入宫，也因此取了"刘瑾"这名字，后来他发迹，当年卖他的亲爹为求富贵，竟也跟着他改姓了刘。老爹为儿子改姓，在中国历史上，这也算少见。

而这些，当时的人，包括刘瑾本人，显然都是想不到的。这位后来气焰熏天到顶点的权阉，在当时却只是个见怪不怪的小太监：家里穷，被亲爹卖了，过继给别人当干儿子。宫里的许多太监，履历基本上都是差不多的。

正因为见怪不怪，所以当晚辈汪直呼风唤雨的时候，身为前辈的刘瑾，那时期留在正史中的记录，是少之又少，基本就是平淡无奇地干活儿，平淡无奇地混事，唯一不平淡无奇的，便是他几件让人啼笑皆非的倒霉事——先投靠弘治年间权倾一时的宦官李广，谁料刚投靠成功，李广却不争气地死了，接着李广做过的恶事东窗事发，清算时，刘瑾也被发配到南京劳改。后来，刘瑾走了点关系开了点后门总算回到了北京，还得到了在乾清宫值

王鏊像

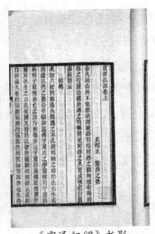

《震泽纪闻》书影

班的差事。谁想上班第一天，乾清宫却莫名其妙着火了，自己差点挨烧不说，事后又被追责，差点论罪处死。

那时候的刘瑾，也已经是快五十岁的人了。没有王振的学识机遇，更缺汪直的刚猛果决，不惑的岁数早过了，貌似也该知天命了——这辈子怕是混不出啥名堂了。

然而他真实的人生，却从这时候开始"时来运转"了：烧了乾清宫，差点被砍头，逃过一劫后，没被送去劳改不说，反而又得了美差——被选入东宫做太子陪读，服侍当时的太子即后来的明武宗朱厚照，并很快得到器重，成为朱厚照身边大名鼎鼎的"八虎"之首，他后来的权倾朝野，只手遮天，都是以这次机遇为跳板的。

刘瑾经历平淡无奇的人生，犯过跟错人的罪过，倒过啼笑皆非的霉，却摊上了可遇不可求的机会。这匪夷所思的便宜事，到底让人生已到中老年的刘瑾碰上了。

然而，从明朝人王鏊的笔记《震泽纪闻》中，我们却看

到了另一个事实：刘瑾能占这个大便宜，绝不是瞎猫碰死耗子。相反却应了一句格言——机会总偏爱有准备的人。

刘瑾的“准备”，便是他有别于王振、汪直诸人的独特优点——能侃。

所谓样样通不如一门精，任何一门功夫，只要把其杀伤力发挥到最大，就必定无坚不摧。刘瑾，便是一个把侃大山功夫发挥到极致的人。

刘瑾的能侃，在《震泽纪闻》中有两段评价。一段是说他不太认字，是个半文盲，但一张嘴却相当厉害。另一段则说他粗通一些文化，对经史一知半解，但立刻就敢张口开侃，云山雾罩把人说晕。而正是这项本事，让他一直平淡的人生，变得不再平淡：巴结李广的时候，靠一张利嘴巴结上；李广犯事的时候，靠一张利嘴撇清了自己；乾清宫失火，还是靠一张利嘴救了自己的命；投到朱厚照门下，还是靠一张利嘴，讨得朱厚照的欢喜，并且在伺候朱厚照的八个太监中确立了自己的“老大”地位。

而仅仅依靠“侃”，刘瑾也许能和人混个“熟”，可想抓权却远远不够。刘瑾之所以能够平步青云，成为明朝历史上第一位宦官“九千岁”，更因为他远远超过之前王振和汪直的另一项能力——善抓重点。

相比之下，汪直也是具有敏锐判断力的，但汪直的判断力，更多的是对细节的洞察力和敏锐度，刘瑾却不同，他最擅长的是在最复杂、困难的问题面前，找到最直接有效的解决办法，并以最简单的方法解决之。

比如他刚投到朱厚照门下的时候，其实是不讨朱厚照欢心的。那时候的朱厚照才十来岁，还是刚进青春期的孩子，和大多数平民孩子一样，他最感兴趣的也是玩打仗之类的游戏，最喜欢的太监主要还是类似张永、谷大用这类孔武有力的。相比之下，刘瑾非但没啥优势，相反很不讨喜——快五十岁的老头子，代沟将近四十岁呢，有啥好玩的。

可刘瑾不动声色，短短几天，就成了朱厚照最喜欢的人。原因很简单：朱厚照爱玩，就让你玩个够。刘瑾，是一个随时随地可以想出玩闹花样，让朱厚照玩得最尽兴的人。比如朱厚照玩腻了打猎，刘瑾就带着朱厚照玩遛狗；朱厚照玩腻了遛狗，他就带着朱厚照玩斗鸡。总之永远都在第一时间，以第一速度，给朱厚照"开发"出新的玩乐花样，让这些新花样陪伴朱厚照的童年。

能侃且能抓重点的刘瑾，在人生态度方面，也绝不是一个平庸之辈，相反却是早早确定了自己的人生偶像——王振。甚至他还曾经拜祭王振的祠堂，哭得一把鼻涕一把泪。而王振倒台的教训，他更因此刻骨铭心。正因如此，在正德元年那场惊心动魄的"决斗"中，他在最关键的时刻，作出了最正确的决定，也因此让他真正实现了人生的追求，成功超越了偶像王振曾经达到的高度。

那场"决斗"发生在明朝正德元年，彼时明孝宗驾崩，太子朱厚照即位，是为明武宗。陪朱厚照陪了多年的"八虎"太监，觉得翻身的时候到了，立刻撒了欢。拥着朱厚照嬉戏享乐，国家大事全耽误了。如此情景，群臣当然看不过去，内阁大学士刘健、李东阳、谢迁三人联合百官上书，以集体辞职相威胁，要求朱厚照杀死刘瑾等人，众议汹汹之下，年轻而缺乏经验的朱厚照也懵了，他甚至向百官哀求说，愿意把刘瑾等宦官外放，只求留他们一条性命，结果被百官毫不犹豫地拒绝。屋漏偏逢连夜雨，当时

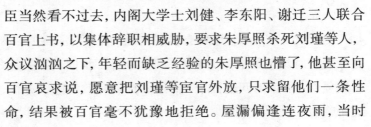

的宦官之首，司礼监掌印太监王岳因怕刘瑾等人威胁自己的位置，居然火线倒戈，也团结在文官集团一边。"八虎"，这群刚刚因朱厚照接班而觉得可以鸡犬升天的新宠们，登时从天堂轮回到地狱，杀身灭门之祸，血淋淋地逼近了他们。

大难之下，"八虎"们也慌了手脚：有主动找文官集团媾和的，结果人家不许；也有成日哭哭啼啼的，结果人家装没看见；还有诸如张永这样刚猛的，说要决死一搏，尽管事实上根本搏不过。讲和没用，哭没用，打更没用，对手却毫无商量余地，非要你死，怎么办？

刘瑾有办法，但他的办法，说出来的时候，却似乎平淡无奇：大家集体找朱厚照，放声痛哭，求朱厚照解救。

这办法貌似说了等于没说，要是管用的话，朱厚照也不会吓毛，更不会主动找文官集团求和了。可刘瑾坚信，这事就得这么办，而且只要照他说的，这事一定办得了。

因为刘瑾找到了反戈一击的最佳突破口：司礼监掌印太监王岳。他相信，只要冲这个理由打出拳去，原本坚如磐石的敌人，必然会土崩瓦解。

一场好戏就这样开始了，按照"编剧"刘瑾的设置，一切都有条不紊地执行：先是集体觐见朱厚照，集体痛哭；朱厚照好言劝慰，一脸无奈。接着"八虎"集体哭诉，陈说冤屈；朱厚照不停地跟着叹息，却还是一脸无奈。直到刘瑾在见过了朱厚照连续的几次叹息和无奈后，终于一字一句，说出了准备已久的台词："王岳公公提领东厂，和外臣相勾结，这次里应外合陷害我们这些奴才啊。"

话音刚落，朱厚照年轻的脸上，却再也没有了无奈，取而代之的，是满脸惊愕的神情，短暂的惊愕之后，就变成了愤怒：你说的是真的？宰了这些吃里扒外的东西！

抓住这难得的愤怒，刘瑾乘胜追击，当场进言：您不就是玩了几天吗，怎么会有损您的圣德。这些大臣敢嚷嚷，就是因为司礼监没有我们的人，如果您把我们几个委派上去，谁还敢跟您过不去？

就这么一句话，朱厚照立刻两眼放光，像打了鸡血一样迅速行动。一场本来文官集团赢定了的"杀八虎"运动，局面立刻逆转，火线倒戈的王岳被解除职务，发配南京劳改，文官集团的头面人物，诸如刘健、李东阳等人相继遭罢，而刘瑾等"八虎"则一步登天。刘瑾被任命为尚宫监太监，提督十二团营，并进入司礼监，虽然司礼监的掌印太监换成了李荣，却不过是刘瑾的傀儡，三年后更被刘瑾排挤而去。权倾朝野的刘瑾，以这场奇迹般大逆转的争斗，奠定了自己与王振、汪直比肩的权阉地位。

而他逆转的奥秘，却在他关键的那句台词上："王岳公公提领东厂，和外臣相勾结，这次里应外合陷害我们这些奴才啊。"这台词看似平淡，其实饱含杀伤力，朱厚照是个年轻人，年轻人容易被吓发毛，也容易被激怒。最容易让年轻皇帝愤怒的事情，就是身边的宦官勾结外廷的大臣。就像以前很多次一样，抓住朱厚照性格的重点，对症下药说出最重要的话，用最简单的方法解决最复杂的难题，这一次，刘瑾又做到了。

比起熬了48年的刘瑾来，"四大权阉"中的最后一位：天启年间的"九千岁"魏忠贤，熬的年头没有刘瑾多，吃的苦，却绝对比刘瑾多。

比如在成为太监的方式上，魏公公绝对是冒风险最

魏忠贤铜像

大，遭罪最多的，其他三位，都是按照国家招聘规则接受"净身"，既安全又有医疗保障，魏公公却不是，他是自行阉割，并差点为此丧命，典型的拿命搏前程。

魏忠贤能干这种事，是一点都不奇怪的，因为在成为太监以前，他就是一个赌徒。

魏公公的好赌，在他的家乡河北肃宁，是出了名的，先输光了家产，后来又输掉了女儿，老婆没等着被他输掉，就卷包袱先跑掉了。然后为了赌前程，他又自己动手净身，拿命赌了一回，且赌活了过来。

可赌活过来之后才发现，这次他似乎输大了，因为明朝招收宦官的年龄限制是十八岁，那年的赌徒魏忠贤，却已过二十一岁。按照粗话说，这次白割了。

输大了的魏忠贤，干脆沦落京城当了盲流，然而都到了这一步，他却似乎还不愿意放弃，他成日靠打短工果腹，却喜欢在太监外宅门口晃悠，渴望着能被太监雇佣，从而打开一扇入宫的门。只要没死，他就要赌到底。

这个人性格中的最大特征也因此显现。比起贪婪、狡诈、无耻等后人的评价，魏忠贤最可怕之处，便是他的执著：锁定一个目标，只要一息尚存，决不罢休，哪怕输掉一切。这可怕的执著，成就了他的奇迹。

这次也一样，在他执著的努力下，不久，他进入了太监孙暹的家，做了一名杂役，因为表现良好，得以被介绍入宫，当了一名底层的烧火夫。虽然地位低且工作苦，他却毫不在意，反而继续执著地向上爬，夹着尾巴做人，待人接物刻意装傻，甚至有时候皇宫里谁都可以随便欺负他两下，还落了个诨名"魏傻子"。

　　可也就是这个傻子，多年以来一步一个脚印，可以结交实权人物，也认识了宫里混得不错的宦官魏朝，还拜了把兄弟，通过魏朝又拜了干爹——太子朱常洛的贴身宦官、前途远大的王安。借着傻乎乎的外表和这些实权人物的帮助，一步步地往上爬。

　　而在执著之下，是他同汪直一样可怕的行动力，发现机会不等不靠，抢先下手，找主人是，拜大哥是，认干爹是，搞女人也是——成功地和太子朱由校的乳母、把兄弟魏朝的"对食"客氏勾搭成奸，利用客氏与太子朱由校——后来的明熹宗的特殊关系，从此一步登天，先是把兄弟魏朝害死；接着又和客氏合谋，杀害了位高权重的王安，扫清了自己执掌宦官大权的最大障碍；在成了宦官之首后，接着调转枪口，向朝廷里最强悍的文官集团东林党开火，并最终操纵了内阁，把持了内外大权，成为这个王朝仅次于朱由校，万人之上的人物。交朋友，很执著，不等不靠；打敌人，锁定了目标，立刻开火，开打了就干到底，赶尽杀绝。

　　如果，上述的权阉，真的成为我们穿越回去的对手，我们是否可以战而胜之？

　　　　　　而他们光鲜的外表下，不可避免的，也深藏着他们难以回避的弱点。

再强的公公，也有弱的一面

王振和汪直：得志便猖狂

对于诸多明朝的仁人志士来说，明朝的这些公公，尤其是那些位高权重、呼风唤雨的权阉们，着实是一群难对付的家伙，即使是现代人穿越过去，和他们成为对手，看看他们在政治舞台上取得的胜利，也会不由自主觉得头疼。

然而，再强大的对手，也都有其无法掩盖的弱点，就像欧洲神话里的那位大力士安泰，全身刀枪不入、金刚不坏，却唯独是脚上那一块脆弱的皮肉，最终要了他的命。

放在明朝的公公，甚至是上面所说的大名鼎鼎的"四大权阉"身上，却也是同样的道理。仔细看看历史就知道，明朝的"四大权阉"，无论如何风光嚣张，却无一人能有好的结果：王振死

于乱刀之下，刘瑾被凌迟处死，魏忠贤畏罪自杀，家族被株连，而算得上好结果的汪直，却也是繁华散尽，身败名裂之后的郁郁而终。而导致他们从人生的巅峰急跌谷底的，却往往都是一些看似低级到匪夷所思的计划外失误。在人生最为风光无限的时候，始料未及地惨遭致命一击，看似偶然的倒霉过程，实则深藏了必然——他们自身无法避免，也无从遮掩的人格弱点。

所以穿越到明朝的我们，假如真的成了权阉们的敌人，这未必是一件令人绝望的事情，从他们真实的人生履历中，特别是从人生波峰到谷底的猝然跌落里，我们可以清晰地找到他们看似隐蔽的破绽，继而，找到致命一击的方式。表面的无懈可击，永远都是假象，而击倒他们的，却时常是最看似意料之外，实则情理之中的方式。因为每一种方式，都对准了他们的弱点。

比如，明朝第一位专权宦官，四大权阉中的王振，他身上的弱点，就可谓多多，最后害了他的，也是这些毛病。

在四大权阉中，王振是唯一一个知识分子出身的（教书先生）。知识分子的背景，确实成就了他的成功，他在日常政治斗争中的狡诈权谋，奇思妙招，很大程度上，都来自于他对书本知识的活学活用。

比如这个人极善伪装。装老实的时候，比老实疙瘩还老实。朱祁镇登基早期，朝廷里掌握大权的是以三杨（杨荣、杨浦、杨士奇）为首的文官内阁。对待这三位老家伙，王振一度比亲孙子还乖，比如他受命去给杨士奇送文件的时候，常常是毕恭毕敬的，一说话就点头哈腰。杨士奇请他坐下，他的脸上表现出一副受宠若惊的样子，连说不敢。一来二去，把阅人无数的名臣杨士奇也感动得不行，连连赞叹说，在太监中也有王振这样的贤良啊。可反过手来，他就借着杨荣贪污和杨浦儿子杀人两件案子大做

文章，逼得两位老臣黯然去职，只剩下杨士奇一人苦苦支撑。最后，杨士奇也在王振的排挤下辞官归隐。

朱祁镇的老祖母——张太皇太后，原本极其鄙薄王振。有一次，张太皇太后召王振觐见，差点以干政为由把王振砍了，王振当场吓得差点尿裤子。

自那以后，对这位彪悍的老太太，王振是下死力地巴结，每次老太太把王振叫去训话（主要是臭骂），不管骂得多难听，都咬碎了牙忍着，脸上还做诚惶诚恐虚心接受状，一来二去，倒把老太太弄得过意不去。而且他还相当会来事，比如有一次，笃信佛教的张太皇太后，欲带朱祁镇一道去城外拜佛，结果遭到文官重臣们群体反对。朱祁镇两头为难：跟老太太去，铁定挨百官骂；不跟老太太去，铁定挨老太太骂。当不想两头挨骂的朱祁镇犯纠结的时候，王振的主意却帮他解决了难题：把城外的佛像请到宫里来，和老太太一起在宫里拜，这样既哄了老太太高兴，又堵住了百官的嘴。

这事之后，老太太果然高兴，原本砍了王振的心都有的她，也从此对王振欢喜得很，这种欢喜，一直保持到她过世。

然而，就是这个会来事的王振，等到老太太刚咽气，就把明太祖朱元璋立下的"禁止太监干政"的铁牌毁掉。

不管是干工作还是搞政治斗争，这人，典型的白眼狼。

然而这世界上所有的白眼狼，都有一个共同的弱点——得志便猖狂。王振更不用说，没势力的时候，他比谁都能装；有了势力的时候，他比谁都猖狂，甚至，能猖狂到脑残。

王振人生中的第一场杀身之祸，其实就是被他自己脑残般的猖狂闹出来的。当时朱祁镇刚刚登基，身为朱祁镇"先生"的王振也得到重用，仗着朱祁镇宠爱而自我感觉良好的王振，也就动了把老臣们挤兑回家的心思。而他所用的方法，恰是最无知的方法：一次他去内阁传旨，见"三杨"都在办公，便毫不客气地说了句："你们三个都这么大岁数了，还当什么官啊，赶快回家养老吧。"就这一句话，当场把三位老臣气得打哆嗦，可这三根"老油条"哪里是好惹的，回过头来就去找张太皇太后哭诉了，紧接着，就有了张太皇太后当着五位辅政大臣的面要怒砍王振的惊魂一幕。一猖狂，差点把命都猖狂没了。

等着张太皇太后去世，三杨也相继罢官去职，王振终于独揽大权后，他那好了的伤疤忘了疼，老毛病——猖狂，又不出意外地发作了。而且这次的表现更丰富，比如因为猖狂，耳根子就变得软，最喜欢听奉承话。工部郎中徐佑认王振当爹，为了巴结王振，徐佑也不留胡子（因为王振是太监，没有胡子），有次王振很奇怪就问：你怎么没胡子啊？徐佑恭恭敬敬回答说：爹您都没长胡子，我这个做儿子的怎么能留胡子呢，这不孝顺啊。就这一句恶心的奉承，竟当场把王振喜得哈哈大笑，立刻将徐佑提拔成工部侍郎。擅长拉帮结派的他，拉来的绝大多数都是这类货，当然也有能办事的能臣，比如都御使王文，这人整治贪污有一手，拍马屁也有一手，把王振哄高兴了，得以飞黄腾达。然而王振没想到的是，等着土木堡之变他身败名裂后，他的亲信里，第一个跳出来反咬一口的，就是这位王文大人，先带着群臣跑到王振家，把王振的亲侄子提溜出来剁了。白眼狼王振选出来的人，自然也是一群白眼狼。

而白眼狼的另一个特点，就是小心眼，以前吃过的亏，怎么着都要找回来。后人常说王振残害忠良，其实被他残害的忠良，很多人并不是因为政治上的分歧，相反却是一些看似啼笑皆非的小事。比如御史李铎遭王振治罪，被发

于谦像

配到辽东服刑，他得罪王振的原因，仅仅是上班路上遇到王振，没有及时行跪拜礼。还有一些时候，却是因为他患上了典型的"迫害妄想症"，想当然地以为别人要害他、坑他。翰林侍讲刘球就是这么倒的霉，他只是给皇帝上奏折说，希望皇帝能够勤政处理政务，并整顿兵力防御瓦剌，王振就想当然地以为刘球是在影射他。被权阉轻易想当然的后果很严重：刘球被打入监牢，惨遭秘密杀害。最冤的是驸马石禄，有一天因家务琐事，在家责骂家里的宦官冯宝，恰好被王振路过听见了，按说这是人家自家的家务事，与王振毫不相干，但王振却不干了，觉得冯宝是太监，自己也是太监，石禄骂冯宝，就相当于骂自己。可怜石驸马就这么被打入天牢，最后还是挨骂的苦主冯宝看不下去，主动替石驸马求情，这才把人给捞出来。这样一个人，就算不是太监，假如是我们生活周围的一个朋友，和他相处，也得累死。

和许多得志猖狂的人一样，王振的另一大毛病，就是色厉内荏。有时候他嚷嚷得越凶，临到事上，反而越怂。比如后来北京保卫战的英雄，名臣于谦也得罪了他。起初王振很嚣张，逮了于谦不说，还放风说一定要把于谦搞死。可谁知山西、山东两省官民闻讯炸了锅，四下奔走营救，连朱祁镇的亲弟弟朱祁钰（后来的景泰帝）也出面警告王振，要他别太张狂，结果王振立刻认怂，慌忙把于谦放出来。宁死不屈的于谦，后来见王振一次骂一次，骂得王振都得了"恐于症"，恨不得见他面就绕着走。

王振最后的身败名裂，也就是栽在他的"白眼狼性格"上，甚至可以说总爆发——瓦剌事件。先是瓦剌可汗也先与明朝发生贸易纠纷，王振很猖狂，想当然地用强硬的方式处理问题，却没有想到去防备对方可能进行的报复。等到吃了亏的瓦剌，集结人马打上门来了，王振还在那里猖狂，而且猖狂到极点，他摆出愤青状积极要求皇帝御驾亲征，硬是撺掇着明英宗朱祁镇带着五十万大军从京城杀将出来。这一路上，王振还巧立名目，疯狂打击报复反对北征的诸大臣们。直到大军来到大同边关，亲眼看到了敌人的阵仗，王振二话不说，立刻露出怂人本色，一枪没放，就撺掇着大军沿原路返回。五十万大军活活做了一场折返跑运动。可还没跑成，被瓦剌彻底吓怂的王振，大脑进入了极度短路的状态，居然在大军即将进入怀来城的时候，请求朱祁镇绕道蔚州，原因是他想回家乡风光风光。还没走到他老家蔚州，王振却又突然改了主意，要大军再次绕道，这次的原因是怕部队踩了老家的庄稼。就这么连番折腾，明军终于被瓦剌追上，五十万大军被包了饺子，御驾亲征的皇帝明英宗朱祁镇沦为俘虏。至于"脑残"的王振，则死在了乱军之中。

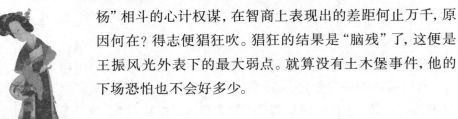

纵观王振在土木堡之变前后的所有表现，可以说比起早期他与"三杨"相斗的心计权谋，在智商上表现出的差距何止万千，原因何在？得志便猖狂呗。猖狂的结果是"脑残"了，这便是王振风光外表下的最大弱点。就算没有土木堡事件，他的下场恐怕也不会好多少。

《宦迹图·司礼授书》　　明·徐显卿

　　比起王振的"脑残"来，另一个太监汪直，却是看似行为相似，都很狂，都很残暴，脸皮都很厚，但细细分析，他们的差距是天壤之别。个中的差距，其实就是一条：同是脑残，一个有文化，一个没文化。教书先生出身的王振，是明朝宦官中少有的学历比较高的，有文化又狂妄的奸人。汪直却不同，他是战俘出身，斗大的字认识不到一升。没文化的结果，就是他狂妄的同时，做事就更缺考虑，尤其放到大事上，经常不按套路出牌，这样的人，通常被叫做浑人。汪直就是这样一个浑人。

　　在很多情况下，浑人比奸人更可怕，原因正在于那句俗话：浑人胆大。

　　在现代影视作品里，汪直就是个典型的"出镜率"比较高的太监，而且往往作为大BOSS出现，在各类影视片中留下的形象，不但阴险狡诈，而且还练就一身绝世武功，堪比东方不败的级别，诸如"××飞甲""××客栈"之类的电影，几十年来拍了一堆又一堆，到今天依然票房不衰，其神功盖世外加厚黑透顶的"光辉形象"，早已经深入人心。

这样的形象，和历史上真实的汪直比，自然是有差距的，且不论品质如何，武功差距就忒大——小小年纪都当了战俘，在宫里干了数年杂活，哪有运气捡到诸如《葵花宝典》之类的武功秘籍？就是拣着了也没空练。但这种"光辉形象"加在汪直身上，却也正常。这并不只是后人杜撰出来的，实在是他在那年头影响力太大，大到京城里谁家孩子哭了，说声汪直来了，小孩就能吓得闭嘴——因为他是个胆大的浑人，最匪夷所思的坏事，没他不敢干的。干多少坏事并不可怕，可怕的是，这小子从来不按照套路出牌。

汪直就是一个不按照套路出牌的人，不管是逢迎巴结，还是宦官界内部的争权夺势，甚至是与文官政敌较劲，乃至后来统兵沙场，他从来都很难让对手估计到他下一步的动作会是什么，尤其是面对政敌的攻击时，他的反击方式，往往会让人匪夷所思。而当他处于优势，主动去攻击别人的时候，他的攻击模式，也同样让人大跌眼镜：往往是在意想不到的时间，意想不到的地点，用最意想不到的方式，给予对手意想不到的打击。不讲计划也不讲规则，怎么要命怎么来。这就好比俩人打架，按照套路规则，对方应该打你的头，没想到他却掏你的裆打你的后脑勺，那就要命了。汪直的做法，就是这样要命。

比如早年汪直得万贵妃的宠信，地位扶摇直上的时候，太监界，他面对的最强竞争对手，就是东厂提督太监尚铭。别看此时的汪直正得万贵妃宠信，看似如日中天，不管论背景、资历，甚至是能耐，和尚铭一比，就立刻被比到地下去了。尚铭是明宪宗朱见深的铁杆亲信，早年还是皇子的朱见深，遭受"土木堡事变"打击，父亲明英宗被瓦剌俘虏后皇位遭废

黜，归国后又被幽禁南宫，城门失火殃及池鱼，原本贵为太子的朱见深，也被即位的叔叔景泰帝朱祁钰废黜太子位，那段艰难困苦的日子里，尚铭就是为数不多陪伴朱见深的小太监，不但照料他饮食起居，更替他打探消息，了解朝局。尤其是在后来朱见深的父亲明英宗朱祁镇复位后，因嫌弃朱见深口吃，一度不愿把皇位传给他，后来明英宗病重，大学士李贤趁机进言，要皇子朱见深来照料明英宗起居，之后朱见深悉心的照料，终于令明英宗感动，作出了传位给他的决定。而在那时，协助朱见深一起照料父皇的宦官里，也同样有尚铭。这是陪着朱见深患难的铁杆。

除了关系铁外，尚铭的工作能力也是相当强，在明宪宗登基后，尚铭顺理成章成了东厂提督太监。明宪宗登基起，连续遭遇到三场战争——满俊陕西叛乱、广西大藤峡叛乱、湖北流民叛乱。在这三场战争中，担负情报重任的东厂，在战争的整个过程中出力颇多，在战争结束后，更因功劳得到嘉奖——那时候的汪直，还只是广西大藤峡一个普通的瑶民，还因参与叛乱被俘，并惨遭阉割，罚入宫中为奴。尚铭光彩照人地接受嘉奖时，汪直正在押解入京的路上。

而能力卓越的尚铭，在明朝宦官界，也是一个出了名的不好惹的人，此人胆大手黑，最擅敲诈勒索，只要打探到京城里谁家有钱，就罗织罪名把人抓到东厂来，不问青红皂白一通严刑拷问，不敲诈到钱绝不罢休。后来他自己犯事被抄家时，家产抄了几十车，拉了一天一夜才算完。但如此绑匪般的行径，在明朝官场里却有"好名声"——此人干坏事也极讲诚信，给钱就放人，收礼就办事。而且他绑票目标也极有针对性，穷人家从来不碰，只惹有钱人。甚至朝内许多清官廉吏和他的私交也颇好。如此手黑又有人脉的家伙，汪直貌似是惹不起的。

《宦迹图·岁祷道行》　明·徐显卿

但看似毫无胜算的汪直，却用了一种办法，就轻而易举地把尚铭踩在了脚下——尚铭干不了的活，我干！

汪直和尚铭形成冲突的时候，他已在万贵妃的扶植下，成了御马监掌印太监。但当时的尚铭，却已经是东厂提督太监，外加司礼监掌印太监，也就是说，在宦官权力的"铁三角"里，尚铭一下子就占了俩。而汪直虽然执掌御马监，看似兵权在手，但明朝兵权的分布非常散，他当时的权限，也只是统领宫内部分守备部队，权限很少，外加身份敏感，很难乱说乱动。而且当时明宪宗不理朝政，掌控朝局的主要方法，一是靠司礼监批奏折，二就是靠东厂情报机关搜集情报，以及统御群臣，所以在明宪宗的手下，做太监的要想求进步，要么去批奏折，要么就去搞情报。汪直目不识丁，

批奏折当然不成，只能去搞情报，而搞情报……尚铭不让。

于是汪直和尚铭间的冲突就越发厉害，尤其在收集情报的过程中，尚铭更处处给汪直拆台，无论用人办事，都时时掣肘。日久天长，俩人形同水火。但汪直显然是没有胜算的：尚铭是老情报了，宫里宫外人脉广，其本人更不好惹，势单力薄的汪直和他斗，显然是没戏的。然而呼风唤雨的尚铭，也终于碰上了搞不定的工作：当时有大臣李子龙迷信旁门左道，且在朝中广收门徒，更伺机混入皇宫中图谋不轨，虽然被厂卫及时发觉并处决，却把年轻的明宪宗吓得不轻，而先前犯下失查之罪的东厂提督尚铭，更被命令要遍查京城里官民动向言论，查明后及时向明宪宗汇报。

这差事看似不难，往京城各处派密探，回来汇报工作就行。可尚铭却偏偏办砸了。当时东厂的名声太响亮，派出去的密探，脸上也早贴了标签，不管走到哪里，人家只要看见衣着华贵，且目光阴冷的，十有八九就知道是东厂的人来了，本来说得正欢的也立刻闭了嘴，打探一通，啥都没打听到，搞的明宪宗大为光火——你不行，那我就换个行的，汪直你去。

汪直就这样临危受命了。

在尚铭看来，自己都办不到的事情，汪直显然是更办不到的，何况和以前一样，他早就四处给汪直使坏了：汪直查案用的人手，早被他扣了不给，办起事来要啥没啥，看你这个光杆司令咋折腾。可没想到的是，汪直就凭自己一个光杆司令，到底把事情办成了：他既不大张旗鼓派人盯梢，也不四处抓人办罪，就自己穿了一身破棉袄，贴了几个假胡子，在京城里四下溜达。他虽然不认字，脑子却好使得很，不用笔记录，别人说的话，听一遍就能倒

（右侧竖排文字）

明朝不可不知的历史细节

百事通 | CHUANYUE BAISHITONG

073

背如流。就这样在京城里化装侦查了几天，就圆满完成了朱见深交办的任务。这下可让尚铭大跌眼镜：这么干特工都行？而朱见深却乐开了花，虽然尚铭并没有因此丢掉东厂提督的宝座，可后果比这更严重，朱见深对于整个东厂的工作能力发生了严重的怀疑。随后朱见深下令，由汪直出马，组建新型情报部门——西厂，并由汪直担任西厂提督。这下尚铭可憋屈坏了，按照当时明朝的规矩，西厂的权限范围遍布全国。不单单是权势远远压过东厂，而且连东厂提督尚铭本人，也在西厂提督汪直的监控之下。名不见经传的汪直，就这样把树大根深的尚铭踩在了脚下。

提督西厂的汪直，其权威从此节节攀升，之后的八年里一度甚嚣尘上，不但成为当时明朝最有影响力、最恶名昭著的太监，甚至死后也不被放过，被编成戏曲乃至电视剧一代代骂，到今天，已成为明朝宦官题材电视剧里的典型大反派。

但如果仔细看看他做的事就会发现，论罪过，他比导致明英宗做俘虏的王振小得多，论权倾朝野的级别，他同样也比后来刘瑾、魏忠贤两位"九千岁"差很多。可这个权没其他三位这么大，罪也没其他三位这么恶的公公，却在身后恶名昭著，一跃与其他三位并列，成为明朝四大权阉之一。他凭什么？

凭的便是威风八面的光环背后，其人格最大的弱点——浑人性格。

同样是狂，比起知识分子的王振来，汪直的狂，却狂到了地球人都骂他的地步，别的坏人犯坏，至少也要损人利己，但在汪直身上则不同，损人不利己的事情，他也说干就干。比如说在那些年的北京，假如你家里人早晨出门，在市区里莫名其妙地失踪了，报案也没人管，那么不用着急，肯定是被抓到西厂去了，进去也不会有很特殊的待遇，大不了就是严刑拷打一番，然后几天之后，你就看到遍体鳞伤的亲人出现在你家门口。等到救回

来后问他咋回事，他却想破脑袋都想不明白，就记得自己走在街上，然后被一群陌生人绑了，押到了一个陌生的牢房里，一连几天挨打，打完了后啥都没说，一挥手就放了出来，临放的时候还被交代一句：告诉你，是汪直汪厂公逮的你！

一般来说，这种事很可能是别人给汪直栽赃，故意坏他名声。而事实上，这真不是栽赃，就是汪直自己干的。自从西厂成立之后，除了日常办案外，他干得最多的事情就是没事找事，可能瞅见某个过路人不顺眼，就要逮到自己的单位打一顿，既不敲诈钱，也不挖坑陷害人，纯粹就是打一顿给自己解闷。犯坏犯到他这个地步，可以说是要有多"二"就有多"二"了，既不给自己谋好处，也不给别人留出路，就是要通过此举告诉所有人，我汪直想灭谁就灭谁。

此举的结果也如汪直所愿了：京城里的人都知道了他，但他本来得罪不起的人，也基本都让他得罪了。

汪直的浑人性格，也绝不是仅仅用在搞情报上。比如说待人接物，他特别讲究面子，别人见了他，哪怕一个眼神不对，一个礼节不对，立刻就和他结了仇。发展到后来，他几乎到了除皇帝外，人人都敢逮，人人都敢惹的地步，朝廷里名望比较高的官员，只要是说话硬气点了，哪怕是没得罪过他的，他看着不顺眼，就要找个借口抓到西厂打一顿。后来他提督军务，带兵出去打仗，也贯彻同样的作风，比如辽东的许多部落，本来和明朝做生意，大家关系很和谐，结果汪直到了后没事找事，非要搞出点事端来，结果边关战火滚滚，汪公公倒是有了露脸的机会，生灵们也跟着涂炭了。

纵观汪直干过的坏事，可以说是啼笑皆非，自己不捞好处，连带别人受罪，攻击没有目标，胡子眉毛一把抓。论祸害朝纲之类的严重性，当然没有其他三位大，但论其性质，却可谓没事找抽。

没事找抽的结果，就是最后自己被抽。汪直也不例外，在嚣张之后，很快树敌颇多，朝廷里惹不起的人几乎都成了他的敌人。比如文官集团，他别人不惹，反而惹上了当时的内阁首辅，明朝三百年来唯——位政府认证，在科举考试中"连中三元"的大才子商辂。当时汪直为了立威，罗织罪名将已故明朝内阁大学士杨荣之孙杨华下狱，可怜杨华一个文弱书生，哪见过西厂这阵仗，连打带怕居然死在了牢狱中。这下引起了文官集团的众怒，大学士商辂联合群臣，以集体辞职相威胁，要求明宪宗罢免汪直。一开始明宪宗还有心回护汪直，可不巧的是，当时宫廷与文官沟通的渠道——司礼监，也被汪直得罪了。同是宦官的司礼监秉笔太监怀恩，顺着商辂他们，在明宪宗面前添油加醋。结果西厂被关，汪直被平级调动回了御马监，特务生涯暂告终结。这次打击对于汪直来说，貌似不算太严重，因为明宪宗对他还是很倚重的，西厂在关门一个月后就重开，大学士商辂愤然辞职回家。这一回合，貌似汪直赢了，其实后果却很严重，因为明宪宗虽然倚重汪直，但从性格上说，他是一个平和的帝王，平时最不喜欢的事情就是找麻烦，这次汪直虽然得免，但毕竟给他找了这么大的麻烦，对汪直的印象分自然打折了。

这件事情过了不久，汪直很快迎来了人生中的又一个高峰，他提督军务期间，与死党兵部尚书王越密切配合，取得了重创蒙古鞑靼可汗的"咸宁海子大捷"，打得鞑靼可汗只身以逃。然而就是这场胜利之后，他的恶名反而到了顶点，原因就是他之前的嚣张跋扈。当时明朝上下，没有不骂汪直的，甚至北京的戏园子里，还有人编成唱词骂。一次明宪宗在宫里看戏，演戏的阿丑就故意在舞台上说：我叫汪直，手里有两把家伙，一把叫

明代金属粒扣和机制币扣

“王越”，一把叫“陈越”，谁能奈何得了我。看戏的明宪宗虽然当场一笑了之，但心里定然不悦。

做多大的恶并不严重，作恶做到大家都骂，那才叫严重。汪直倒霉之处也正在于此，因为封建时代，决定汪直荣辱命运的，其实就是做皇帝的明宪宗。此时的汪直大破鞑靼，立了大功的同时兵权在手。兵权在握的同时，不惹怀疑当然不可能的。结果汪直还没凯旋，文官集团和宦官集团就一拥而上。先是老仇人尚铭弹劾汪直十条大罪，接着文官集团的各类政要也纷纷进言，要求罢免汪直。而对汪直更不利的是，当时他提督军务，在外好多年了，不在明宪宗身边的结果是，明宪宗对他的感情淡了。现在这个时刻，大臣、官员群起攻之下，神仙也救不了。结果汪直还没回京，就先被贬到南京御马监，被剥夺了兵权。接着南京当地的御史乘胜追击，又是一通穷追猛打，汪直彻底被解除职务，成了一个普通太监。当年的熏天权势，被一抽到底。不过比起其他三位权阉的下场来，他总算是善终的。

刘瑾和魏忠贤：反派典型"九千岁"

比起脑残的王振，找抽的汪直，四大权阉中的第三位——正德年间的"九千岁"刘瑾，相对而言，作恶要大得多，但是为人处世，他也狡猾得多。

如果真要论罪的话，王振的罪过，主要是排斥异己，外加教唆皇帝不学好。汪直的罪过，除了滥杀无辜外，也就是擅开边衅。相比之下，刘瑾却更严重，虽然史料中也记录了刘瑾诸多类似恶行，比如他也曾罗织罪名陷害忠良，更对大臣飞扬跋扈，有次吏部的大臣们办事慢了点，他居然勒令吏部几十名官吏集体罚站，许多年老的大臣还因受不了迫害而昏厥。但相比王振和汪直，刘瑾最恶劣的，恐怕莫过于经济问题。这家伙财迷到家，不止贪污公款，收受贿赂，更巧立名目向官员索贿。比如要升官，就要给刘瑾送钱。他刚得势的时候，有个官员刘宇，给刘瑾送了一万两白银，那时刘瑾穷怕了，没见过这么多钱，一见就两眼放光，当场就大呼说"刘大人对我太好了"。高兴完了，就立刻给刘大人"兵部尚书"的高官。相比之下，后来刘瑾权势滔天，单是地方官每次进京汇报工作，给他孝敬的"年敬"，数目就在一万两银子以上，刘大人当年送他那点钱，实在不值一提，但人家

刘大人送得早，在正确的时间实现了行贿效果最大化，这份投资眼光，放在今天绝对能玩股票。除了公开索贿受贿外，刘瑾搂钱的办法，可以说是五花八门，比如说他经常派亲信在各省查访，发现地方府库里面有钱粮，就直接抄没送到京城，进了刘瑾自己的腰包。他的腰包肥了，可那些年

河南、河北等地天灾频繁，地方府库在刘瑾的劫掠下居然无钱赈灾，以致灾民流离失所。

除了财迷外，在脑残方面，刘瑾的某些做法，也超越了王振和汪直两位前辈。王振犯"二"，主要是在私生活方面，汪直犯"二"，也最多是干些脑残案件，而刘瑾则青出于蓝，他属于典型的瞎指挥，经常出台一些啼笑皆非的政策，比如他把持朝政的时候，曾规定全国的寡妇在三个月里，必须限期改嫁，违令者入狱。结果闹得全国各地鸡飞狗跳，有不少铁心守节的寡妇甚至以死相抗。如此荒唐政策，比起汪直的没事找抽来，刘瑾算是吃饱了撑的。

但刘瑾能够权势滔天，绝不仅仅是"吃饱了撑的"，比起王振和汪直来，他最大的本事就是记仇。

王振把持朝政的时候，拿成天骂他的兵部侍郎于谦没招；汪直气焰熏天的时候，照样被全国人民骂得狗血淋头；刘瑾当权时，他却做到了让人骂都不敢骂。他的密探遍布四周，凡是有说他坏话的，当场就逮捕入狱，轻则打个半死，重的不是被勒索个倾家荡产，就是满门抄斩。

王振、汪直拿文官没招来，而刘瑾对于冒犯过他的政敌，那是死咬不放。当年文官集团集体行动，以辞职威胁明武宗处决刘瑾等宦官"八虎"，到了刘瑾反败为胜后，立刻乘胜追击，在正德二年（1507）四月，于京城金水桥上召集百官，命大小官员集体下跪，当场宣布曾攻击过他的官员们为"奸党"，总数多达五十三人，凡是成了"奸党"的，轻者罢官，重者下狱。

而比起他的嚣张来，他更大的本事就是抓权。王振和汪直，都是凭着皇帝对其个人的宠信扶摇直上并权倾朝野的，相比之

东厂腰牌

锦衣卫腰牌

下，刘瑾却很重视制度化建设，素来和宦官对立的文官集团，被他安插了钉子——吏部尚书焦芳，当年他和文官集团博弈，就是靠了焦芳的通风报信，才得以逆转局面。这个焦芳不但对刘瑾忠心耿耿，而且办事也极其狠毒，成了刘瑾忠心不二的好走狗，刘瑾还为他打破了一个惯例——明朝制度，文官如果担任执掌人事大权的吏部尚书的话，就不能再担任内阁大学士，因为行政权和人事权都被把持到一人手中，极易造成专权。刘瑾却破了例，焦芳既成了内阁大学士，又做了吏部尚书。表面上看，人事权和行政权都抓在焦芳手里，但真正的是抓在刘瑾手里。明朝历史上，以吏部尚书身份成为内阁大学士的官员只有两人，另一位就是七十年后，明朝隆庆皇帝的恩师高拱。

　　大权在握的刘瑾，在处理国家大事上，也有一套自己的办法。首先是明武宗年轻好玩，每次刘瑾假装请示工作，明武宗总不耐烦地说，我正忙着呢，你看着办就行。得了圣旨的刘瑾立刻狐假虎威，开始肆意行事。按照明朝处理国家大事的流程，官员们的奏章，应该送到内宫司礼监，然后呈

报给皇帝,刘瑾干脆搞了个机构简化,官员们的各类奏章,一律拿回到他自己家里批阅,他本人不认字,家里养了个足智多谋的师爷张彩以及一帮文吏。大明,这个当时世界上最强大帝国的大事小情,其实就是在刘瑾的府邸里运转。而且和后人想象不同的是,这个张彩并不是酒囊饭袋,相反是个极其精明干练的文吏,尤其是他的足智多谋,令权倾朝野的刘瑾如虎添翼。而刘瑾的这种抓权方式,在京城也引来了民谣:京城俩皇帝,一个朱皇帝(明武宗朱厚照),一个刘皇帝(刘瑾),一个立皇帝,一个坐皇帝。毫不夸张地说,当时的刘瑾,就是大明朝山寨版的皇帝。

如果穿越到正德年间,遇到刘瑾为对手的话,相比之下,是比王振和汪直更难对付的。因为王振和汪直虽然也有皇帝宠信,并且爪牙众多,但相比之下,刘瑾更进一步,他把他的党羽和势力,完全发展成了一个组织,他的手下,不再是一群结构松散、靠着阿谀奉承云集起来的小人,相反却是一个组织严密、结构森严、勾搭连环、分工明确的集团。更强大的是,比起王振和汪直时代文官集团团结一致的情景,刘瑾却更懂得掺沙子,他能让文官集团成为一盘散沙。他的党羽,既有宦官集团的实力派人物,更有文官集团的政要,自己身边更是谋士众多,智囊云集,套一句现代语说:他不是一个人在战斗。穿越到明朝,碰上这样的人,稍有不慎恐怕就会落入他的天罗地网,甚至死无葬身之地。

然而不是一个人在战斗的刘瑾,也是有弱点的。他的弱点有两个,表面看,都不是大毛病,而放在他的人生命运上,却是针尖大的窟窿,捅出来斗大的风。

刘瑾的第一个毛病,就是他的优柔寡断。

《官迹图·皇极侍班》　明·徐显卿

刘瑾是个心思细密，善于从复杂的局面中，找出最迅捷解决问题的办法的人，但心思细密的另一个后果，就是做事犹豫不决，当下决断的时候，却反复摇摆，按照现代的流行语说，就是经常纠结。

早在文官集团发起驱逐刘瑾运动，并不惜以辞职向明武宗施加压力的时候，刘瑾的优柔寡断，就险些要了他的命。当时文官集团来势汹汹，从内阁到六部九卿都以集体辞职来威胁，巨大的压力也令刘瑾慌了手脚，他甚至主动找到文官集团求和，在遭到文官们拒绝后，刘瑾甚至还曾想请求明武宗，把他们发配到南京以避祸。关键时刻，是另一个宦官张永愤然说，与其坐以待毙，不如鱼死网破。正是这声怒吼，才激起了刘瑾

的决心，最终在焦芳的配合下反败为胜。

在这场博弈胜利后，刘瑾随即开始了对文官集团们的反攻倒算，大批参与驱逐刘瑾行动的官员们遭到罢免，然而五十三个"奸党"名单里，却偏偏少了一个人：驱逐宦官运动的领袖，内阁大学士李东阳。刘瑾之所以放过李东阳，并不是他心善，而是这场运动让他认定，文官集团对他的反对声音是极大的，而李东阳虽然是这场博弈的发动者，但在整个过程中，他的态度并不强硬，相反还在文官们中间为他说好话，外加李东阳本人也非常会来事，面对刘瑾非常谦恭，还经常给他写个贺表来巴结。如此一来，令刘瑾认定，这个名声在外的李大人是个老实人，留下他，对自己收揽人心有用。这想法没错，可未曾想，这个李东阳并不老实，五年后那场改变刘瑾命运的宴席上，正是李东阳在最关键时刻，给了他致命一击。

而刘瑾的第二个毛病，和之前的王振、汪直一样，就是自大。

不一样的是，王振和汪直的自大，都是小事，经常因为琐碎的事情树敌，最后遭到灭顶之灾，相比之下，刘瑾的自大，却是窝里反。在大权独揽之后，刘瑾的权势到达顶点，但问题在于，与文官集团搏斗时的刘瑾，并不是一个人在战斗，而是号称"八虎"的八个人，在文官集团被彻底摧毁后，"八虎"之间的"内部矛盾"立刻因为利益而上升到"主要矛盾"，但刘瑾显然缺少正确的认识，相反他认为，自己已经权倾朝野了，那些文官都被自己斗倒，这些小弟们岂在话下？

可偏偏八虎之中，不止刘瑾一个人有性格，同样有性格的还有张永。比起刘瑾的阴险来，张永是个孔武有力的宦官，他和刘瑾本来是老哥们，俩人后来交恶有很多原因，但主要原因，就是

毁在刘瑾自己的刚愎自用上。俩人闹翻主要因为两件事,一件是某官员向张永行贿要官,但刘瑾恼火这个官员没给自己行贿,因此从中作梗,把他升官的事情给闹黄了。事后张永把贿金退还给了苦主,但和刘瑾的梁子也就结下来了。不久之后,另一件事的发生让两个老哥们彻底闹翻。当时有个叫吴中的已故宦官,因为犯罪财产被抄没,后来张永奏请明武宗,将吴中的财产划在自己名下,谁知就是这时,吴中的家属进京来索取财产,求到了刘瑾门下。收了吴中家属钱的刘瑾,立刻勒令张永返还田产,张永一听大怒,不但不从,还把刘瑾派来接收田产的官员打得屁滚尿流,刘瑾闻讯也火了,准备打发张永到南京养老,谁料张永更不好惹,当场闯进皇宫,当着众多太监的面,摁住刘瑾一顿暴打。事情虽然在朱厚照的调解下得以和解,但两人的仇却因此结下了。

正是这两个看似微不足道的弱点,导致了权倾朝野的刘瑾,在正德十年(1515)的彻底败亡。败亡的起因,是刘瑾为了树政绩,在西北整顿军屯,结果引发了西北地区的安化王叛乱。之后张永以监军的身份,与名臣杨一清一道平定叛乱,也正是平叛期间,张杨二人经过密谋,定下了除刘瑾之计——张永以平叛功臣的身份回京,在明武宗朱厚照面前揭发刘瑾罪恶,然后再由李东阳等大臣联合上奏,彻底将刘瑾打垮。

对于张永的这次攻击,刘瑾是有预料的,而且也是有应对方案的:先是在京城附近部署重兵,阻止张永入京。如果张永绕过第一道防线入京了,那就和张永一起见明武宗,防止张永单独进谗言。如果张永见过明武宗,却没有说服明武宗,那么,第二天就罗织罪名将张永逮捕,从而一举反败为胜。

这个计划是刘瑾的高参张彩制定的,三步棋可以说是天衣无缝,可在执行的时候,却因刘瑾自己的弱点完全走了样。首先是张永回京的时间,刘瑾判断有误。按照刘瑾的判断，西北距离遥远，应该不会立刻回来，谁知张永轻装简从，仅带骑兵提前回京，令刘瑾在外围的拦截扑空。其次，张永觐见明武宗，明武宗高兴之下，命刘瑾作陪，整个宴席上，刘瑾百倍警惕，防止张永进谗言，却见张永只喝酒不说话，不一会就烂醉如泥，看着天色已晚，刘瑾的自大让他再次作出误判，他认为此时张永已烂醉，不可能再对自己有什

明代太监陶俑

么不利，于是提前告辞回家，并部署次日抓捕张永的行动，谁知刘瑾前脚刚走，一直装醉的张永立刻恢复正常，在明武宗面前哭诉刘瑾奸恶，终于将明武宗说动了心，结果正睡着觉的刘瑾，被明武宗下令逮捕，一代权阉，转眼间锒铛入狱。

但即使到了这时，刘瑾其实还是有机会翻身的，因为事后刘瑾的家被抄，除了抄出大笔家产外，并没有任何造反的证据，明武宗本人也很懊悔，甚至还送给牢房里的刘瑾一件衣服。正当刘瑾命运将要转机的时候，当年他一念之差留下的定时炸弹爆炸了：内阁大学士李东阳率百官上奏弹劾刘瑾，同时官员们经过第二次抄家，抄出了刘瑾大量谋反的证据。这下明武宗暴怒了，骂道："狗奴才，真的要造反啊！"刘瑾的生路就此断绝，被处以凌迟之刑，遭三千六百刀酷刑处死。其实，他正是死在了自己的犹豫和自大上。

同样是"九千岁"的魏忠贤，在四大权阉中，可谓最呼风唤雨

的。然而，比起其他三位来，却也是下场最惨的：不只他自己家族被满门抄斩，而且株连甚广。王振事败后，其党羽如王文等人，还能继续屹立官场不倒；汪直事败后，其死党王越虽然被罢官回乡，却安度晚年，并在十二年后重新得明孝宗任用，过世后更受到明朝"辍朝三日"的礼遇哀悼；至于刘瑾，其个人虽被凌迟处死，但是他的党羽如焦芳，以及给他最早行贿的刘宇等人，都仅仅被处以罢官处罚；唯独魏忠贤不同，崇祯皇帝在清算了魏忠贤后，更以追查阉党为宗旨，大力彻查，当时明朝中央政府一共八百个官员，被划为"阉党"的多达一百六十多人。其比例之高，株连之广，都是明朝三百年之最。

下场惨，株连广，却也恰恰说明，魏忠贤活着的时候，祸害可谓最深。比起三位权阉来，魏忠贤可以说是个集大成者，前三位的成功经验，他几乎全部吸取，前三位的失败教训，他也全部借鉴。就说结党这条，如果说刘瑾只是结党，那么魏忠贤却把阉党发展到了明朝的高峰，当时他的手下，仅有他"干儿子"名号的，就有数十人，至于孙子名号的更是成百上千。政治方面，无论内阁还是六部，都被他遍插亲信，内阁大学士魏广微和兵部尚书崔呈秀，一个抓行政权一个抓兵权，都是他的铁杆亲信，其下的爪牙，从中央到地方遍布，更冠以"五虎""五彪""十彪""十孩儿""百义孙"等称号，可谓上下一体，走狗遍地，稍不留神，就会撞到他的枪口上。诚如明末文人计六奇的记录：四个人在酒店里喝酒，三个人大骂魏忠贤，还没骂完，锦衣卫就闯了进来，当场把其中三个人剥了皮，赏了那个不说话的人钱。

然而就是这样一个把持朝政七年、气焰冲天的权阉，最后说完蛋就完蛋了，而且完蛋得干净利索，更是没有诸如武侠片里那样的生死大决战，从被崇祯罢官，到被崇祯赐死，基本就是逆来顺受，比羔羊还羔羊。他的弱点又在哪？

杨涟像

其实魏忠贤的弱点，也是很简单一句话：他是个流氓。

魏忠贤的流氓出身，是尽人皆知，他从底层爬到高层，靠的就是他的流氓性格，即流氓中那种撞死南墙不回头，咬死了不松口的精神。为了实现目的，那更是不择手段，脸皮良心全不要，不惜一切代价办到底。政治斗争上更是心狠手辣，出手就是杀招，刘瑾还有优柔寡断，他却毫不留情，比如和他作对的东林党，基本都被赶尽杀绝。他在天启年间的呼风唤雨，根本上说，是缘于他这种流氓精神。

然而流氓精神也是一把双刃剑。流氓精神的特点是，惹得起的，往死里惹；惹不起的，该认怂就认怂。

在魏忠贤在骨子里，正是这样。按照《明史》的记录，权势熏天的魏公公，有历史记载的一次浑身发抖，并不是被皇帝斥骂，相反，则是看到了给事中杨涟的那封弹劾魏忠贤奏疏，疏中字字珠玑，罗列魏忠贤诸项罪过，件件直指魏忠贤要害。当时正把持朝政的魏忠贤立刻怂了，不但主动找杨涟求和，甚至找到内阁首辅叶向高请求和解。虽然后来魏忠贤还是靠着糊弄明熹宗，借这封奏疏大兴冤狱，将东林党赶尽杀绝。但这段认怂的经历，却还是为他后来的倒霉，埋下了伏笔。

魏忠贤的流氓精神里的缺陷，除了欺软怕硬这条外，另一条也格外要命：毫无远见，急功近利。

流氓里很少有高瞻远瞩的，出身街头混混的流氓，眼光当然难看得远。魏忠贤的倒台，就是被这一条给坑了。他之前所有的呼风唤雨，其实是建立在明熹宗宠信的基础上。所以确保明熹宗的健康，也就成了魏忠贤专权的基本要务。可就是这件事，被魏忠贤自己给搞砸了。天启七年（1627）皇帝春游落水，救上来后就一病不起，按照现代医学的说法，这属于肺积水，放在当时，本身就是要命的病，可偏偏魏忠贤胡闹，他的干儿子尚书霍维华乱拍马屁，自称有"神药"灵隐露进献，病急乱投医的魏忠贤大喜，连忙命给明熹宗服用，结果一连数月，明熹宗不经治疗，只靠喝灵隐露过活，直到给活活喝死。这所谓的灵隐露，按照现代食品学名，其实就是米汤。乱拍马屁，结果把自己最大的靠山给拍没了，权势滔天的魏忠贤，也就离死不远了。

在明熹宗死后，崇祯皇帝朱由检登基，早在朱由检作为"信王"的时候，就和魏忠贤不和，现在他上台，挨整是难免的。但初登皇位的朱由检根基不稳，当然不敢贸然动手。而后，在朱由检的步步威逼下，魏忠贤节节败退，其实他的命运，在朱由检登基后就已经注定，明朝中央集权完备，失去皇帝信任的宦官，无论之前多么呼风唤雨，都最终无法对抗皇权，唯一的区别，就是凄惨地死去，还是平安地全身而退。

所以从崇祯上台后，魏忠贤也立刻做出了正确的抉择，争取全身而退。崇祯步步紧逼，今天法办了魏忠贤的亲信，明天削夺魏忠贤的权，魏忠贤也知趣，不断地请求辞职，甚至还找崇祯哭诉，只求平安回家享受富贵。年轻的崇祯审时度势，最终顺水推舟，同意了魏忠贤的请求，准许魏忠贤告老还乡。一代权阉，眼看就能平安退出江湖了。

　　然而就在这关键时刻，魏忠贤的流氓性格再次发作，两个看似微不足道的错误，却最终葬送了他。第一个错误是，既然决定告老还乡，那就见好就收，可魏忠贤偏偏画蛇添足，买通崇祯最信任的太监徐元文为自己说好话，结果惹得崇祯大怒，徐元文被抓。年轻猜忌的崇祯立刻从中意识到一个严酷的现实，这个老太监的能量太大，是自己的巨大威胁。第二个错误是魏忠贤走的时候大张旗鼓，摆开华丽的仪仗，要多拉风有多拉风，如此嚣张，更引得崇祯大怒。结果原本的告老还乡，变成了满门抄斩。魏忠贤在行至河北肃宁老家前，被崇祯派来的大臣拦住，惊慌之下，他畏罪自杀，其家族被满门屠戮。明朝最呼风唤雨的权阉，以最为悲惨酷烈的下场，结束了自己的一生。

宦官真的很坏吗

大BOSS公公的另一面

在以四大权阉为例，讲述了明朝宦官的组织结构以及典型人物后，相信我们对于怎么对付宦官，已经有了自己的心得。梦想着如果穿越回去，能够在所身处的时代里成为英雄的朋友，对于怎样在成为英雄的道路上，战胜这群宿命的大反派，想必也有了心得。

只是，也许这些心得的总结都是徒劳的，因为如果真的穿越回去，我们认定的坏人，未必一定是坏人们，那些想象中呼风唤雨的公公们，未必都是我们的敌人。

我们说到明朝，在总结这个朝代的劣迹时，"宦官专权"通常习惯性的被当做极其重要的一条，然而一个现实却是，即使最为瞎编的电视剧与电影，里面塑造的最为拉

风嚣张的宦官们，也极少有人能够把皇帝变成傀儡，相反，绝大多数的人，都是靠着蒙蔽忽悠皇帝，从而狐假虎威窃据高位的。而放在真实的历史上，这样的说法，相对还是比较靠谱的，那些恶名昭著的公公们，他们做的大多数有历史记录的坏事，背后都有皇权的授意。比如我们说刘瑾的劣迹时，常说他借着明武宗玩乐的机会擅自做主，作恶多端。然而《明实录》却告诉我们，明武宗在放手起用刘瑾的同时，又早已授意谷大用和张永监视刘瑾，刘瑾的所作所为，都是在他的掌握中。再比如权势滔天的魏忠贤，史料上经常津津乐道他借着明熹宗做木匠活的机会请示工作，并获得授权。而史料上同时告诉我们，明熹宗在不耐烦地告诉魏忠贤，他自己看着办就行之后，也都会习惯性地加上一句：好好干，别骗我。明朝历史上，有名的宦官不少，嚣张的宦官也不少，然而从来没有出现过一个宦官，其权威可以超越皇权，无论多么权势熏天的宦官，在转瞬间身败名裂时，面对皇帝的清算，没有一个人可以做出有效的反抗，清一色的成了待宰的羔羊。仅凭这条，我们就可以说，明朝宦官或许有专权，但是比起别的朝代来，他们显然专权得不够，无论专权到怎样的程度，他们都无法逃脱皇帝的掌控，皇帝想要灭他，使个眼色写个纸条，都是几分钟的事情。而如果放在唐朝，那可不一样了，唐朝的宦官可以随意废立皇帝，可以很随意地跟皇帝说，您坐在皇宫里摆个样子就行，国家大事交给我来处理就行。如此无法无天，唐朝皇帝气得脸都紫了，最后也只能没办法。这份威风，明朝宦官恐怕做梦也不敢想。

所谓有多大权，造多大孽，即使不翻案，也不得不说，名声颇大的明朝宦官，即使是魏忠贤这样的极品恶人，在后人的文艺作品中，他们的威权和坏，也是被有意无意地放大了。所谓的反派大BOSS，与事实其实出入颇大。

而明朝宦官名声臭，一个直接原因，却是要拜他们的老对头——文官集团所赐。明朝的历代实录，都是由文官们主修的，我们今天研究明朝历史的诸多民间笔记，也大多来自文人的记录，而这些人，或者本身属于文官集团，或者和文官集团本身就有着千丝万缕的联系。到了清朝人修《明史》的时候，以张廷玉为代表的主修团队，除了来自清朝官僚系统内的文官外，就是以"前明遗老"身份参与编纂的明朝文官集团成员们。也就是说，我们今天看到的，关于明朝历史的所有史料，绝大多数，都是由宦官的固定敌人们完成的，敌人的笔下，他们会成为啥模样，也就可想而知了。

　　而另一个重要原因是，中国历代编纂史书，所遵循的一个重要原则，就是"为尊者讳"，这里的避讳，不只是我们所知道的避君主名字的讳。更重要的是，不能把坏事栽在帝王的身上，也就是说，每一段历史的错误，都需要有人替帝王来背黑锅，一般来说，如果发生错误的这个时代有奸臣，自然是奸臣来背，但如果没有奸臣，或者奸臣一个人背不起来，那自然也要找更有资格背的人，那这个人当然就是宦官了。虽然他们做的大多数事，都来自帝王的授意和允诺，但是既然帝王的坏话不能说，那么对不起，所有的脏水只能泼你身上了。

　　如果我们以"四大权阉"为例，在他们所犯下的罪过中，我们也不难找到"背黑锅"的嫌疑。先说王振，他最大的罪过就是"土木堡之变"，然而事实上，横刀立马沙场，在当时不只是王振的梦想，同时也是他的领导明英宗的梦想。早在明英宗七岁的时候，他的父亲明宣宗把他抱在膝盖上，亲昵地问他说：如果有一天，有人胆敢造反，你敢不敢亲自带兵去讨伐他们。小明英宗奶声奶气地朗声回答：敢！就这一句话，喜得明宣宗把儿子抱在怀里亲了又亲。就是这一段问答，坚定了朱瞻基的选择：立朱祁镇（明英宗）为太子。而《明实录》更告诉我们，朱祁镇年幼的时候，接受的宫廷教育的一个重要内容，就是参观皇宫内的"军事博物馆"，聆听自己的祖父、父亲等一代代大明先皇们横扫天下、御驾亲征的光辉政绩。在朱祁镇自己的诗文里，也表达了愿意继承祖先遗志、御驾亲征扬威沙场的梦想。而且另一个事实是：朱祁镇之前的几代明朝帝王，从永乐皇帝开始，除了短暂在位就英年早逝的明仁宗朱高炽，其他的几位，朱祁镇的曾祖父明成祖朱棣，以及朱祁镇的父亲明宣宗朱瞻基，都曾有过御驾亲征且大获全胜的精彩妙笔。而在土木堡之变前，大明王朝在外战上的战无不胜，也使得主流阶层眼中，御驾亲征，并非是一件具有高度风险性的事情。所以说，当瓦剌犯边的消息传来的时候，明英宗做出御驾亲征的决定，绝不仅仅来自王振的蛊惑。这是他自青少年时代就不曾忘却的梦想。

同时，当瓦剌大军压境的消息传来时，明朝上下君臣的反应，也是和今天的我们想象不一样的。那些以正义面目出现的文官们，并没有把瓦剌这个强敌当做一个可怕的对手。他们仅仅认为这只是一个边陲部落骚扰，而不相信这个早已统一了草原的部落，能成为明朝劲敌。除了富有军事经验的于谦外，大多数大臣劝谏明英宗放弃亲征的说辞，都是清一色的说什么瓦剌不足为惧，随便派个军队就能平了啥的。至于此时专权的王振，他确实轻视了瓦剌，也怂恿了明英宗，然而真正决定亲征的是明英宗本人。从瓦剌犯边发生后，他就是一个铁了心要出去打仗的皇帝。而后土木堡之战，王振在关键的时刻，两次犯下要命的错误，一次要求大军撤退的时候绕过蔚州改道，一次是因为运自己家产的车队没有赶到，要求大军停下来等候。这两次要命的等待，使二十万明军错过了宝贵的撤退时间，被瓦剌包围歼灭，明英宗也惨被沦为俘虏。然而明朝整个文官集团的做法，却也发人深思。明朝大军亲征的时候，不到三天军队就断粮了，之后整个过程里，后方没有一颗粮食支援到前线，而在明英宗被俘，明朝紧急拉响北京保卫战后，在兵部尚书于谦的主持下，明朝储备在京郊的数十万军粮，被用极快的速度运到了城内，如果土木堡的时候能有这效率，至少明英宗的亲征大军也不会如此狼狈，可这个责任，要算到当时伺候在明英宗身边的王振头上，那只能说，他是自己故意饿自己了。事实正是，土木堡之变，既是一场意外，也是当时明朝整个官僚体系弊病的大爆发，王振在其中负有不可推卸的责任，但如果因为他的责任，就抹掉了其他人的责任，那就好比唱歌调跑偏了。

而比起铸成大错的王振来，同为四大权阉的汪直，如果知道自己被定为四大权阉之一，恐怕他会觉得比王振还要冤，不只因为他犯下的错远没有王振大，更因为他做的大多数事，其实都是遵照着朱见深的授意。

朱见深开始重视汪直，是因为他最宠爱的万贵妃的举荐，然而作为一个帝王，他对汪直后来的信任，却不只因为万贵妃，而是因为他自己发现了汪直的价值。作为明朝历史上第一个以怠政不上朝著称的皇帝，不理朝政的朱见深要掌握朝局，就必须要抓好情报工作，仅仅有一个东厂是不够的，所以就有了西厂。同时朱见深本人受土木堡事变株连，经历坎坷，长期的艰难生活，也令他的心灵缺少安全感，他并不残暴，从未滥杀，但同时对于文官集团，他也自然地缺少亲近感和信任，最为他亲近和信任的，除了老婆万贵妃外，也就剩下这些宫廷里的宦官了，工作需要加上感情亲疏，才造成了汪直的扶摇直上。

而纵观汪直一辈子做过的所有的事，和其他三个权阉不同的是，他的事情对于国计民生的直接伤害，相对是比较少的，虽然他大兴冤狱，缉拿无辜，但是西厂的负面作用，很快就在文官集团的反对下叫停，西厂第一次开设，持续时间其实只有一个月，第二次复开后不久，汪直就被调离了特务工作岗位，调到边境主持军务，他在边境主持军务期间，虽然因为

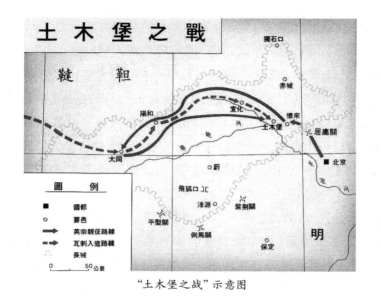

"土木堡之战"示意图

擅开边衅酿成战争，但是有些仗也是必须打的，比如反击鞑靼入侵的战争，就属自卫反击性质。

　　从祸害程度上说，刘瑾相对是比较高的。刘瑾最大的危害在于他建立了一种新的宦官专权的模式。在刘瑾之前，明朝的历代宦官如果要渗透朝政领域，必须通过与文官集团的合作。甚至于在王振、汪直等宦官专权的时候，文官绝大多数情况下是不在他们队伍里的。而刘瑾的创举是，他通过掺沙子的方式完成了对文官集团的渗透，文官集团的大佬们，其实成了听他命令的乖小弟。文官集团的行政权更被他牢牢操纵在手中。虽然在刘瑾的时候，他对于文官集团的控制程度并不强，但是后来的魏忠贤却更进一步：以密不透风的亲信安插，形成了权力的天罗地网，对文官集团的反对派更是赶尽杀绝。也正因如此，这二位权阉都不约而同地获得了一个称号——九千岁。

然而就是这两位"九千岁"，与身为万岁爷的皇帝虽然只差了一点，但就权力而言，却还是差得远。先说刘瑾，他权势最滔天的时候，被称为"刘皇帝"，然而对比朱皇帝，刘皇帝到底还是纸糊的。后人常说刘瑾横行霸道，是借了当时明武宗朱厚照的威风，而且他做的所有的事，几乎都是蒙蔽明武宗的。这里就说一件事，有一次，明武宗的讲官杨廷和在给明武宗讲课的时候，以历史为典故，劝说明武宗要亲贤臣，远小人。结果课刚讲完，"刘皇帝"就知道了，知道了以后就对号入座，认为杨廷和讲的"小人"就是影射他自己。"刘皇帝"很生气，后果很严重，杨廷和立刻被贬官到南京去，谁知命令刚下，刘瑾就被明武宗叫到深宫里，劈头盖脸一顿臭骂，原来杨廷和是明武宗最敬重的老师，刘瑾胆敢欺负他，明武宗当然要出头。由此可见，虽然我们常说刘瑾狐假虎威，但刘瑾这只狐狸"假"了多少威，明武宗这只"老虎"其实知道得清清楚楚。说到这位荒唐皇帝明武宗，后人常常说他贪图玩乐，荒废国事，放任奸臣专权，然而《明实录》告诉我们，即使明武宗身在豹房玩乐的时候，他每天都要先批阅完奏折再玩乐。这个习惯一直保持到他生命的终止。

而另一位专权的"九千岁"魏忠贤，貌似专权的难度低一点，因为他的领导明熹宗不太认字，而且玩乐的项目也很执著——做木匠活。这样一个人，自然没什么空闲管理朝政，对魏忠贤的放任度也确实大得多。魏忠贤，也因此嚣张到了极点，甚至连皇后都敢整肃。然而事实上，对于魏忠贤所做的事情，明熹宗还是知道的，不但知道，而且他不同意的事情，魏忠贤同样也做不成。比如明熹宗最敬重的老师，就是以大学士身份经略辽东的孙承宗，作为东林党成员的孙承宗，和魏忠贤形同水火，然而当魏忠贤像陷害其他东林党一样，在明熹宗面前进谗言的时候，红口白牙地说了半天，明熹宗硬是没睬，最后孙承宗虽然在魏忠贤的轮番攻击下，终因势单力孤而去职，但没有明熹宗的首肯，魏忠贤想整死孙承宗的愿望到底没有实现。在明熹宗在位的七年里，我们通常认为他既不抓权，也不理朝政，而

当明熹宗生命的最后时刻，在皇后的劝说下，他作出了把皇位传给弟弟朱由检的决定。为了保证弟弟顺利接班，他选择的托孤重臣是英国公张维迎，也正是这个决定，确保了魏忠贤无法破坏此事，保证皇位顺利交接。自始至终，权势滔天的魏忠贤，也只是皇权的附属品，他无法超越皇权行事，而当皇权不高兴的时候，他也无法自保。

事实是，即使是四位被后人骂得狗血淋头的四大权阉，在他们作恶多端的一生里，也同样不乏生命的亮点，仅仅凭借着阿谀奉承，他们根本走不到呼风唤雨的一步，他们的权势，既来自于他们的心机，更来自于他们的能力，特别是工作能力。

就以造成土木堡之变的王振来说，后人说得比较多的，是他阿谀奉承，教唆明英宗不学好，然而明朝历史上一项重要的福利政策，却也同样是他首创的。正统七年（1442）王振大权独揽，也就是这一年，陕西、山西各地爆发旱灾，百姓为度过荒年，卖儿卖女，同样出身穷困的王振建议，由朝廷出钱，帮助那些在灾荒中卖儿卖女的百姓赎回子女，帮助他们家庭团圆。从这开始，这项政策成为明朝一项常见的福利政策，历经正统、景泰、天顺、成化、弘治各朝，我们皆可在正史记录中看到。

如果说王振做这件事，是为自己收买人心的话，那么下面的一些事是从他最让人诟病的品德上发生的反例。王振大权在握时，得罪他的官员，哪怕是一些小事，也会被他往死了整。但有些官员未曾求饶，也无要人保护，却还是躲过了王振的迫害。典型的如"河东学派"创始人薛瑄，作为后来的一代大儒，当时的薛瑄仅仅是都察院的一名官员，因为拒绝按照王振的授意判决案件，而被王振罗织罪名下狱，这在当时，基本算是死定了。然而薛瑄刚下狱，王振晚上回家后，却见家里的老仆人在痛哭，王振惊讶地问原因，却听老仆人说：薛瑄可是咱们老家（河北蔚州）人，在咱们老家名声很好呢。听仆人一说，王振立刻惊讶道：原来薛瑄在咱老家有这么大名声啊。就因这件事，本来杀心四起的王振，立刻作出释放薛瑄的决定。即使权倾朝野，王振却还有一怕，怕老家人骂他。

如果说王振难得做一件好事，是因为怕被骂。那么汪直做的好事，却是连当时一些正人君子都做不出来的。虽然汪直浑人胆大，且和文官长期不和，但没文化的他，对有本事的人，却是真心实意地服气。因为投靠他而被举荐成为兵部尚书的王越，虽然由于其逢迎汪直的行为而遭人鄙视，但他却是有真本事的人，而且他和汪直俩人搭档带兵打仗，汪直对他言听计从，从来不干不懂装懂瞎指挥的傻事，也正因二人密切配合，有了咸宁海子大捷的胜利。如果说信用王越，还是出于自己的利益，那么对自己的政敌秦纮，汪直的大度胸襟，却令人敬佩。有一次汪直出外巡视归来，给明宪宗汇报工作的时候，赞叹身为延绥巡抚的秦纮，说他是大明封疆大吏中的第一人。谁知话音未落，明宪宗笑盈盈地拿出一堆奏折给汪直，却全是秦纮上奏骂汪直的。眼看自己举荐的人，却把自己骂得狗血淋头，汪直却毫不动怒，反而慨然说这恰好说明我的眼光没错，秦纮果然是一个正直无私的人。

如果说汪直的亮点是可敬，那么身为"九千岁"的刘瑾，也做了一些让人哭笑不得的好事。比如他一开始大肆敛财，收取年敬，后来谋士张彩对他说，你不该收这钱，官员为了孝敬你钱，就打着你的旗号在地方上大肆贪污受贿，他们捞够了，才把里面一小部分钱给你，大头全让自己拿走，贪污腐败的黑锅却是你背了。刘瑾闻言大怒，立刻破天荒下令全国反腐败，一批贪官马屁拍到马脚上，因此落马被抓。一时之间，举国上下哗然，许多不明真相的群众，以为张彩能劝刘瑾行善。

刘瑾像

　　不过还有些善事，不用别人劝，刘瑾也会去做，权势滔天的他，也有难得明事理的时候。他的铁杆亲信焦芳，素来依仗着刘瑾权势胡作非为，他每次见了刘瑾，都恭敬地叫"千岁"，称自己为"门下"，拿刘瑾几乎当亲爹一般孝敬。但对同僚和属下，他却极其跋扈嚣张，稍有不如意就睚眦必报。他的儿子焦黄中，在京城向来以文采自诩，参加科举考试，本来以为仗着老爹的势力，外加自己的才，至少也能中个探花。谁想主考李东阳公正阅卷，仅给了焦黄中一个二甲进士。这下焦芳怒了，但他拿李东阳没招，就整天怨妇似的碎碎念，老在刘瑾面前说李东阳坏话，最后把刘瑾说的也烦了，给焦芳说：既然你觉得你儿子有才，那让我当场考一下，如果真有才，我就替你做主。结果在刘瑾家，焦黄中被命当场作诗，吭哧了半天，才作出了一首《石榴》，吟了没一半，刘瑾就受不了了，当场对焦芳发火说：就你儿子这水平，中个进士都是人家给你面子，你还整天抱怨人家李东阳。从那以后，焦芳再不敢乱嚼舌头。此外，刘瑾虽然跋扈，却也礼敬一些有气节的文

梅兰芳的《拾玉镯》

士，比如他特别喜欢弘治年间状元康海的诗文，一直意图拉拢，却被康海拒绝。后来康海的好友，同是明朝大文豪的李梦阳得罪刘瑾，被刘瑾罗织罪名下狱，为了救朋友，康海只好忍辱负重，求到刘瑾家里。听说康海来了，刘瑾喜得立刻窜出来，连鞋都顾不得穿，光着脚跑到门口把康海请进来，接着在康海的劝说下，爽快放过了李梦阳。谁曾想，就这难得的一次礼贤下士，却最后要了康海的命。刘瑾败亡后，康海也遭人告发，被说成是刘瑾一党，一生清正的他，最终背着"奸党"的污名惨遭杀害。

按照我们的常识，像刘瑾这样的恶人，死了遗臭万年，少不了会成为诸多历史题材文艺作品的大反派。然而四大权阉中，刘瑾却是唯一一个以

正面人物形象写入民间戏曲的——京剧《拾玉镯》。在这部戏中，作恶多端的刘瑾，俨然变成为民做主的好官，在当地除恶扬善，平反被地方官冤屈的"宋巧娇一案"，还了民女宋巧娇及其相好傅公子的清白，并亲自主婚，让这对有情人终成眷属。这桩名剧，其实也是改编自真实的案例——

刘瑾唯一办过的一件好案子。当时刘瑾陪太后到陕西宝鸡法门寺进香,有民女宋巧娇蒙冤,闻讯后立刻前来上访,冒着生命危险拦了轿子,谁知没拦到太后,倒拦着了刘瑾。正赶上那天刘瑾心情不错,闻讯后不但不怪,相反仔细查问了案卷,以其丰富的政治经验,判断此案内部有鬼,之后刘瑾杀鸡用牛刀,命属下厂卫特务明察暗访,终于查清真相,还了宋巧娇清白,并做主赐婚宋巧娇与傅公子。这件事,也被刘瑾的御用文人们大肆宣讲,在当时传遍一时,也借了刘瑾的关系,傅公子婚后随刘瑾入京做官,成了刘瑾非常信赖的亲信,谁知好景不长,后来刘瑾事败,傅公子一家也惨遭陪绑,以刘瑾党羽的罪名被杀头。

即使是坏事做绝的魏忠贤,在干工作的时候,也并非完全瞎指挥。魏忠贤专权的时代,也正是明王朝与辽东后金政权激战正酣的时候。虽然辽东经略孙承宗被魏忠贤挤兑走了,但对边关防务,他其实并不敢马虎。天启七年(1627)五月,后金可汗皇太极发动了意在夺取明朝宁远、锦州要地的宁锦会战,明朝辽东巡抚袁崇焕率军抵抗。大战打响后,魏忠贤毫不含糊,调集北方兵马待命,随时准备支援前线,他派给袁崇焕的监军太监纪用,也在战斗中身先士卒,面对敌人浴血拼杀,最终有了重创皇太极的宁锦大捷。虽然战后,连魏忠贤四岁的重孙都因此封侯,但就战斗本身而言,魏忠贤确实出力颇多。

而且魏忠贤这个人,在面对冒犯甚至攻击的时候,他的反应有时候与我们的想象并不一样。一般小的冒犯,他会恼羞成怒。然而面对一些重大的攻击,他的反应也出乎预料,比如著名的苏州"五人墓"事件。当时魏忠贤的爪牙逮捕东林党人周顺昌,途经苏州的时候一路胡作非为,更借着逮人的名义大肆索贿,终于引发了众怒,被愤怒的围观群众一顿暴打。这事发生在魏忠贤权倾朝野的时候，几乎算是翻天了。然而当狼狈逃回的走狗们，仓皇失措地向魏忠贤报告时，魏忠贤不但没有愤怒，相反是脸都吓白了，全身不住地哆嗦，吭哧半天最后说了一句：国家的赋税都在江南，江南要是乱了，谁能担得起责任啊！这不是拿国家大事做挡箭牌，而是魏忠贤明白，要想权势稳固，除了结党营私逢迎拍马外，更得干活。

被选择性失明的好宦官们

明朝的宦官正是这样，他们被后人严重高估了，而且他们的罪恶，也被有意无意地放大了。

事实上从明朝宦官体制确立的第一天起，他们的角色就已经确定——奴才。他们并不像唐朝的宦官一样，具有掌控国家命运的能量，他们的作用，要么是在国家滑落的时候踩一脚，要么是国家上升的时候推一把。推一把的时候，他们被我们选择性失明，而踩一脚的时候，基本都背了黑

郑和雕像

锅了。四大权阉，就属于踩了一脚后背了黑锅的，而事实上，有明三百年里，为国家大事推一把的太监，也是同样多的。开创七下西洋伟业的郑和自不必说，即使是这些权阉生活的时代里，也同样不乏敢担责任的好太监。

比如汪直生活的时代，就有堪称明朝最好太监的怀恩，在明宪宗消极怠政的岁月里，担任司礼监掌印太监的他上下调和，协调明宪宗与群臣的关系，解救蒙受冤屈的大臣，甘当大臣与皇帝之间的防火墙。尤其重要的是，他在血雨腥风的宫廷斗争中，保护了当时的太子，后来开创"弘治中兴"伟业的明孝宗朱祐樘。尤其是当明宪宗晚年，在万贵妃的挑唆下嫌弃太子，意图废黜朱祐樘的关键时刻，连那些与朱祐樘亲近的朝廷重臣们都不敢插嘴说话，怀恩的表现，却比爷们更爷们，他当着明宪宗的面郑重地磕头，一字一句地对明宪宗说，废太子这件事，"虽万死，亦不为"。

也正因如此，本来位居司礼监掌印太监高位，一度权倾朝野的怀恩，被明宪宗一撸到底，发配到安徽凤阳看祖坟。但他的坚决，却最终动摇了明宪宗原本坚定的抉择，确保了明孝宗朱祐樘平安接班，而明孝宗登基的第一件事，就是以盛大隆重的仪式，请回了远在凤阳的怀恩。一个宫廷以盛大的仪式，欢迎一个宦官，这样的殊荣，即使是魏忠贤、刘瑾之流气焰最为嚣张的时期，也未曾获得。

明朝留下好名声的宦官，不止怀恩一个特例，相反即使是许多"宦官专权"的时代，也留下不少贤良宦官的身影，而这些人不但在当时用自己的行为赢得了世人的称赞，有许多人还成为那时代仁人志士们心心相知的朋友。

百事通 | 明朝不可不知的历史细节 CHUANYUE BAISHITONG

103

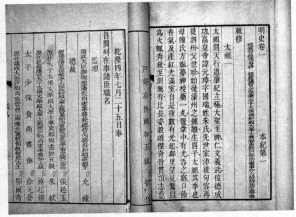

《明史》书影

比如在正德年间文官集团驱逐"八虎"的行动中，与大臣们密切配合的，就有当时的司礼监掌印太监王岳。而即使是臭名昭著的"八虎"中，也有以学问著称的高凤。这位高凤从明武宗朱厚照做太子的时候，就是他的陪读太监，连《明史》都承认，高凤不但学问精深，而且治学也非常严谨。督促朱厚照的学习绝不放松，比起刘瑾等人靠着邀宠得以飞黄腾达，他却真正是以才学和人品得到了朱厚照的尊重。

而权势滔天的刘瑾最终倒台，直接起作用的，就是他的老哥们兼老对手宦官张永，而取代了刘瑾的张永，虽然也有诸多毛病，比如贪污腐败等等，然而他却是一个既有真本事，也有令人敬佩之处的人。比如他虽然也贪赃，然而对于真正有本事的文臣，却是倾心敬佩；虽然小节上有诸多过失，然而在事关国家大事的问题上，却毫不含糊，他当权的时期，除了结好杨一清等文臣，通力维持国事外，对于明武宗的诸多胡搞行为，他也有他的应对办法，比起刘瑾的顺从配合来，他却是软对抗。比如明武宗经常借故巡边，在大同、宣府一带尽情游乐，一路扰民无数。一路陪同的张永虽无力阻止，但依然借助一切机会委婉劝阻，甚至当有大臣因触怒明武

宗而获罪时，他也会想尽办法解救。他个人的战功也很卓著，多次在边关督兵，击退入侵的蒙古人。而他所做的好事，也在他人生的晚年救了他。明武宗过世后，即位的明世宗朱厚熜，上台第一件事就是整顿太监，明武宗时代权势滔天的宦官们，要么被抓去砍头（钱宁），要么被打发回家养老（谷大用），唯一下场较好的还是张永，他虽然起初也遭罢免，但在杨一清等诸多文臣的劝说下，终于又被明世宗重新起用，以东厂提督的身份终老。

所以如果穿越回明朝，一旦遇到宦官，尤其是那些位高权重的大公公们，正确的做法，不是先把他当做敌人，而是首先作出判断，这个宦官，对于建功立业的梦想来说，到底是属于踩一脚的，还是推一把的。如果是踩一脚的那种，自然是坚决对抗之，至于推一把的，却需要与之形成良好的关系。宦官在明朝，是其政治构架里的重要一环。这是由其政治特点决定的，单纯地排斥宦官，对于国家大事，往往却是头痛医头，于事无补，真正的聪明人，都是懂得如何去利用其良性作用，弱化其恶劣作用的。明朝公认的能臣，诸如张居正、王阳明，都是这类聪明人，穿越回去的你，是否也是下一个？

君 臣 之 间

　　对于所有的穿越者来说，穿越到明朝，有两类角色都是万分向往的：一类，便是高高在上的帝王，特别是那些熟悉明史，见惯了明朝皇帝做派的朋友。另一类，就是纵横捭阖的名臣了，被许多人看做昏君辈出的明王朝，不容否认，也是一个名臣辈出的时代，从明初到明末，无论国家局势处于怎样的情形下，无论这一个时代留给后世的评价是正面还是负面，总有一些流光溢彩的名臣，以他们光辉而传奇的人生，留给后世无尽的慨叹与回味，其在史料记录中的精彩表演，也令后人心向往之，倘若身临其境，自然要体验一把。

　　而明朝的君臣关系，也是后人津津乐道的一个话题。明朝不缺乏忠臣，但是明朝的君臣之间的亲疏冷热，却比历朝历代都值得玩味——既是上下级，很多时候却更像仇人。而如此的情形，对于所有的穿越者来说，也面临了一个严峻的问题，无论穿越回去做名臣，还是做皇帝，都要解决一个问题：怎样良好地处理君臣关系。

明朝皇帝比较烦

明朝皇帝最说了算的时代

在后人眼里，做皇帝往往是比较爽的，爽到想干什么就干什么。如果穿越到明朝做皇帝，有多爽不好说，但一定是比较烦的。

如果以明朝的历代皇帝变迁来论，皇帝最说了算的时代，当算在明初。明太祖朱元璋建立大明后，为整个明朝设计的，是一个堪称自汉朝以来专制程度最高的政治体制。首先是取消了中国有千年传统的宰相制度，六部直接对皇帝本人负责，按照朱元璋自己的话说，就是皇帝既要坐朝，又要理政，从此政令通畅，上通下达。与此同时，在汉唐时代呼风唤雨的宦官集团，到了明朝也惨遭削废，明朝宦官机构庞杂，部门之间相互掣肘牵制，同时朱元璋在宫门立铁牌，严禁宦官干政。而地方藩镇割据的隐患，也被朱元璋剪除，地方行政权力一分为三，各省处理民事有布政

《宦迹图·捧敕》　明·徐显卿

使，处理司法工作有按察司，处理军事战事有指挥使，这就是明朝特色的地方"三司"制度，三司不相统属，直接对皇帝本人负责。而最容易直接造成叛乱的兵权问题，也被朱元璋肢解。明朝的军队，实行的是卫所制度，也就是国家划拨土地给军队屯田，军队自己种地养活自己，国家在不花钱粮的同时，更能通过控制土地的方式，牢牢控制住士兵的饭碗。同时在士兵的统属上，明朝的"国防部"兵部，掌握着任命军官以及调动军队的权力，但是并不拥有对军队的直接管辖权。而明朝的军事机关五军都督府，拥有对军队的管辖权，但是却不具备人事权和调度权，这样双方相互牵制，谁也无法独立控制军队，只能老老实实对皇帝负责。这一番体制妙处多多，取消了宰相制度，前朝宰相专权欺负皇帝的事情不可能上演。而设立三司制度，前朝藩镇割据乃至脱离中央的事情也不可能上演。禁止宦官干政，前朝宦官专权甚至操纵皇帝废立的事情同样不可能上演。而分解了军队指挥权与管辖权，前朝权臣专兵、叛乱中央的事情更不可能上演。如此一来，所有可能的实权部门，权力都被朱元璋一拆再拆，整个官僚体制相互制约掣肘，谁也不能独大，所有的实权官员，都只能老老实实对皇帝负责，谁也不能越过皇帝自行其是，也就谁都不能威胁到老朱家的家天下。

这套官僚体制在明初设立后，明朝高度君主专制、中央集权的特点就这样确定下来。作为高高在上的皇帝，可以说是大权独揽，自然是想干什么干什么。但真正做上了皇帝才会发现，想干什么就干什么的日子，其实是不好过的，因为所有的人都只对皇帝负责，结果就是皇帝很忙。就好比是现代社会里，一个人早晨起来刚睁开眼睛，甚至还在睡梦中，电话就开始响个不停，每天有成千上百个电话打进来，都要向你请示工作，且不说工作怎么处理，就是听汇报的频率，就能把人听到头大。这套专制体系下的明朝皇帝，就是这么忙。如此的忙法，除了个别工作狂外，绝大多数的皇帝都是要头大的。

明朝的前几代皇帝，特别是开国皇帝朱元璋以及永乐皇帝朱棣，都是这样的工作狂。高度专制下，他们的工作量也是惊人的。比如亲手设计了这套体系的朱元璋，他在这套体系下的工作方式，几乎可以用疯狂来形容。按照《明实录》里朱元璋自己的话说，他每天天不亮就要起床，直到日头偏西的时候才回宫，而且就是睡觉的时候，他也经常失眠，经常思考国事的时候，猛地就醒了，醒了就披衣起床，把白天需要处理的国事写下来，上班后一件一件地落实。甚至吃饭的时候，猛然想起什么事情，也随手找个纸条写下来，然后贴在自己的衣服上，相当多的时候，当朱元璋召

见大臣的时候，大臣会惊讶地发现，他的衣服上贴满了各种各样的纸条，全是国家大事。至于朱元璋日常上班的工作强度，《明实录》里曾经作了这样的统计：朱元璋曾经在连续八天里，处理各种奏折1600件。每一本奏折他都认真批阅，而且还总结主要内容，从1600件奏折里，一共提炼

总结出3200件所言之事。明朝奏折的格式，一份奏折如果要单独成章，至少要有1000字，也就是说，朱元璋八天里，总共看了至少160万字，平均到每天少说20万字，而且这不是蜻蜓点水般的速度浏览，而是一个字一个字的认真推敲，总结思考，并拿出解决问题的方案，其工作强度，好比今天一个高考生，每天要做总篇幅多达20万字的阅读理解题，而且必须保证，每一道题都不能出错，所有的答卷，必须百分百正确。何况考生做错了题，最严重的后果只不过扣几分，朱元璋如果批错了奏折，后果会更严重，按照朱元璋自己的话说，一念之差，耽误的就可能是万千黎明苍生，所以百官言事中的每一句话，他都要慎之又慎地查看。

相比于朱元璋的工作狂特点，明朝历代皇帝中最接近他的，当属他的儿子——永乐皇帝朱棣。比起朱元璋来，朱棣的工作方式，有了明确的时间表——每天早晨四更起床，吃过早餐后，要先在上朝之前，抓紧把当天准备处理的国事，预先在脑子里过一遍。然后开始早朝，按照《大明会典》的记录，明朝的早朝开始时间，相当于今天的凌晨五点钟，起个大早的朱棣，在早朝结束之后，就要着手处理国事，批阅各类奏章，他每天批阅奏章，往往都要到深夜，经常要到凌晨才睡。这样算来，每天他的睡眠时间，也就只有不到六个小时。而且朱棣规定，一旦有紧急军国大事，哪怕自己在熟睡，也要立刻把他叫醒，否则就要论罪。这样的折腾，也让朱棣深感其苦。朱棣最后一次北征蒙古草原的时候，路上设宴款待群臣，席间颇为感慨地说：我自登上皇位以来，每天兢兢业业，不敢有一丝一毫的懈怠。而皇帝的辛苦，也是做了皇帝之后才深有体会啊。

即使是明朝第一工作狂朱元璋，对于这番辛苦，其实也是深有体会的。各类史料记录比较多的朱元璋一个趣事，就是一位叫

茹太苏的大臣给他上奏折，奏折写了万字，到第5000字的时候才切入正题，气得朱元璋命人把他一顿暴打。事后朱元璋宽慰茹太苏，并向他诉苦说：你以为我愿意打你啊，你500字就能说清楚的事情，非要写个上万字，我做皇帝容易吗？要整天看你这种奏折我哪受得了啊！

　　连朱元璋都有受不了的时候，其他的皇帝自不用说。到了朱棣执政时期，就设立了"文渊阁"，开始协助皇帝处理国事，文渊阁里的官员，就是五品大学士，之后，这个原本以皇帝秘书身份设立的新机构，地位日益扶摇直上，成了明朝实际意义上的"宰相"。而随着明朝这一内阁制度的确立，为了强化皇权，从明宣宗朱瞻基开始，又逐步加强宦官的权力，也就造就了后人津津乐道的明朝"宦官专权"现象。从此，文官的内阁权力、宦官的权力，以及两者之上的皇权，就形成了明朝权力的铁三角。而早期朱元璋苦心创立的专制体系，因此也有了新的效用。在内阁制度以及宦官司礼监制度日益成熟的情况下，原本分权的明朝行政体系，从此有了更好的整合，这个原先离了皇权就玩不转的体制，在司礼监加内阁的双轨制操控下，可以实现有条不紊的运转。如此一来，明朝的皇帝就轻松下来了，要给国家大事拿出处理意见，不必再像朱元璋时代一样，天不亮就起床批奏折，只需要授意内阁草拟处理意见就好，要同意处理意见，只要司礼监盖章，即所谓的批红就好。做皇帝的，只需要听汇报点个头，国家就能正常运转下去。史料上总津津乐道，明朝某某皇帝多少年不上朝云云，然而不容争议的事实是，即使是几十年不上朝的皇帝，依然可以有效地掌控群臣，并且实现朝局的正常运转，其制度上的根由正在于此。明朝这套高度专制、皇权极其强化的体制，随着之后历代帝王的修正，在表面不更改"祖制"的幌子下，只在关键部位作出精到的调整，最终改变了其原本的意义：原本是想让皇帝变得很忙，结果却让皇帝变得很闲。

闲下来的明朝皇帝日子也不好过

然而，如果你穿越到明朝中期，变成一个闲下来的明朝皇帝，这日子，恐怕比忙起来也好过不到哪去，因为明朝皇帝如果闲下来，也一样会感到很烦的。

很烦的原因，就是在新形势下遇到了新问题。

明朝这套政治制度的变动，对于皇权来说，是改变一种统治方式，从早期的事必躬亲，变成中后期的垂拱而治。皇帝的角色变了，大臣们的角色也同样在变。原先在这个官僚体制中，各类的权力都被朱元璋拆分开来，而在这套制度变动过程中，本来拆分的权力，也又重新组合起来。比如原本分散的六部权力，被统一整合到内阁负责，而地方上原本分散的"三司"权力，被统一整合给各省的巡抚，以及负责多个省公务的总督负责。权力组合的结果，使得相关大臣的权限加大，连带着话语权加大，办公固然方便了，但和皇帝顶牛，也自然变得方便了。于是从明朝中后期开始，明朝大臣和皇帝顶牛的事，也就越发多了起来。

所以从明朝中期开始，让后来的历代皇帝越发感到，他们说了算的事情，正变得越来越少。尤其是土木堡之变以后，几乎历代明朝皇帝在位，都会发生一些著名的"顶牛"事件。景泰皇帝

明代风俗画的代表作:《明宪宗元宵行乐图》(部分)

在立太子问题上和群臣冲突，甚至在几次争吵之后无奈，只得通过向群臣行贿的方式，来取得大臣们的支持。皇帝向大臣行贿，这事在之前的朝代里只发生过一次，也就是宋真宗为了到泰山封禅，给宰相王旦行贿，然而景泰帝的行贿对象，却是包括内阁以及六部在内的一群人。到了明宪宗成化皇帝在位开始，群臣给皇帝顶牛，又多了新招数，经常是为了争论一件事，闹得大臣们以集体辞职相威胁。比较典型的事，就是西厂提督太监汪直引发众怒，大臣商辂率领文臣进谏，以集体辞职为武器，迫使明宪宗罢免汪直并裁撤西厂，虽然这场争斗，还是以汪直复职西厂复设，以及商辂黯然罢官而告终，但随着文官集团话语权的壮大，集体辞职这一招，在之后明朝历代皇帝在位时，都被大臣们屡试不爽。比如明孝宗朱祐樘在位的时候，大学士刘健等人率领群臣进谏，以集体辞职劝说明孝宗赦免两京之狱中的获罪言官，并严惩涉案宦官。明武宗朱厚照时期，发生过两次著名的内阁集体辞职事件，一次是刘健、谢迁、李东阳三位阁臣，率领六部九卿集体辞职，劝说明武宗驱逐宦官"八虎"。另一次是明武宗在位晚期，常年外出巡游，并率兵在应州与蒙古鞑靼部血战，结果以梁储、蒋冕等阁臣为首的百官，以集体辞职劝说明武宗回京理政。而到了明神宗万历皇帝在位的时期，发生了著名的"争国本"案，集体辞职这招，更从官员顶牛皇帝的杀招，变成司空见惯的常用招数，当时围绕着立太子问题，坚持立皇长子的群臣，与坚持立皇三子的明神宗，展开了二十年的顶牛，其间每当双方关系剑拔弩张的时刻，特别是诸多官员因为直言进谏遭罚时，总会闹出重臣们集体辞职以示抗议的一幕，诸多重臣也因此挂冠而去。而受顶牛之苦的明神宗本人，更演出了三十年不上朝的雷人之举。

话语权越来越多的大臣们，在皇帝面前，也变得越发不听话。相比于顶牛，这些显然让皇帝们更烦。

明朝官员的不听话，主要表现在三个方面，一是批评多，经常性地批评皇帝。二是管得宽，他们批评皇帝的内容，从国家大事到个人私生活，那是无所不包，有时候甚至经常是一些鸡毛蒜皮的小事。比如明孝宗朱祐樘在位的时候，一次参加经筵，不小心打了个哈欠，结果有言官进言，说皇上您打哈欠，这是对经筵的不尊重。如果说这还算国家大事，那么隆庆年间的詹仰庇却更雷，一次他偶然从太监处听说，皇帝好像许久没有宠幸皇后了，这本来是人家两口子之间的私事，结果詹仰庇灵感大发，上奏奇文一篇，要求皇帝要多宠幸皇后，皇帝皇后夫妻恩爱，才是国家的福气，一番怪论，闹得隆庆皇帝哭笑不得。

有时候，官员批评皇帝，不但不问青红皂白，而且是不顾事实，完全凭借道听途说甚至臆测。这种事典型倒霉的，依然还有隆庆皇帝，一次隆庆皇帝偶尔没有上早朝，接着御史蔡汝贤就上奏说，皇上您这几天生病，我听说您最近纵欲过度，夜夜宠幸美人，您这样可不行啊。如此奏折，把隆庆皇帝委屈得不行，以至于直接下诏书反驳说：你以为我生病是因为好色吗？我真的是干工作累的。比起隆庆皇帝来，他的儿子明神宗朱翊钧更委屈，那时候朱翊钧三十年不上朝，到了临终的时候，还专门把内阁首辅方从哲叫到宫里来，方从哲本来以为皇帝叫他是来托孤，没想到明神宗当着方从哲的面卷起胳膊展示说：你看看我的胳膊都浮肿了，这全是干工作累的，外面那些大臣们，整天上奏折胡说，说我在宫里不务正业，你可要为我证明啊。一番话当场把方从哲雷翻，还没等方从哲回过神来，明神宗又接着对身边太监说：我每天是怎样辛勤工作的，你一定要如实说给方大人听。

而比起这两条来，第三条却更让皇帝们抓狂，就是官员权力越来越大，放在明初的时候，官员生活那叫一个苦逼，那时候朱元璋大权独揽且律令严苛，官员们稍微犯错就会被严惩，甚至每天上朝，如果能平安回来，有些官员家还会张灯结彩格外热闹——庆祝自家老爷又多活了一天。而从明朝中后期以后，官员的话语权也越来越大，特别是皇帝说的话，有时候也是可以不听的，比如皇帝想用钱，发文到户部去，户部如果觉得这笔钱不该用，就可以不拨钱，并且把皇帝的诏书原封不动退回，这叫封驳。不但用钱问题可以封驳，其他问题上也能封驳，甚至皇帝认爹的问题。明世宗在位早期，发生了著名的大礼议之争，起因是以外地藩王身份即位的明世宗，拒绝按照皇室法统，认已故的明孝宗为爹，反而要坚持追封自己的亲生父亲兴献王帝号，引发群臣不满，以杨廷和为首的内阁大臣坚决对抗，明世宗下的诏书，大臣们不照办。一场礼议之争，把明世宗折腾得叫苦连天。

这种越来越烦的情况，明朝中期以后历代皇帝都不会等闲视之，因此即使是再荒废朝政的明朝皇帝，在位期间都在这个问题上开动脑筋，用各种办法强化皇权。

最通用的办法，就是强化宦官权力，用以对抗话语权越来越大的群臣。这招从明宣宗执政时代就开始用，他在位的时候设立司礼监，给予司礼监批红权，使宦官集团在朱棣时代有了特务权后，又多了行政权。之后的时期里，明朝宦官地位的提升，其实是和明朝文官集团地位的提升同步的。而每一代帝王，也都有一些自己的办法，明宪宗除了增加特务机关，加强对群臣的监控外，也注意放开言路，言官批评他的奏折很多，他虽然多不接受，但处罚言官的却很少。而明世宗朱厚熜在位时期，由于他之前的明武宗时代，宦官威权过重，他登基后开始限制宦官权力，提高文官集团地位，重用内阁。

每一任皇帝面对这个问题的时候，方法各有不同，但其实道理都是一样，当明朝皇帝、文官、宦官这个权力三角体系确立后，其权力的分布，就变得好像一只天平，皇权在中间，文官和宦官各自占两边，在明朝做个好皇帝，其实也就要求做到一条，要保持文官集团和宦官集团之间的权力平衡。整个明朝中后期，所有执政成就最好的时代，都做到了这个平衡。典型如著名的"张居正改革十年"，尽管当时的明神宗还是个小孩子，但

张居正像

是担任辅政大臣的张居正,与担任宦官集团首脑的冯保,既是相互利用的伙伴,却在权力上也相互制约,张居正有辅政大权,然而却无厂卫大权,同时他的辅政权,也需要得到来自宫廷内部,尤其是明神宗与李太后的支持,因此必须要倚重冯保。冯保虽然是宦官首脑,但行政方面,同样要倚重张居正,这种相互的倚重,成就了张居正大刀阔斧的改革,有了著名的"万历中兴"。

由此可见,如果穿越成一位明朝皇帝,那么在大多数时代里,做好皇帝的首要标准,其实就是一句俗话:在宦官和文官之间,要一碗水端平。这话说来容易,具体到实际上,做起来可就难了。

明朝官员有点愤

最苦逼和最嚣张的一群人

对比明朝皇帝的烦，明朝官员，也是一个很有意思的群体。在中国历代封建王朝的官员里，明朝官员可以说创造了两个之最：最苦逼的一群人，外加最嚣张的一群人。

不过如果真穿越回明朝做官员，对于这两个"之最"，也是要依时代而论的，如果穿越到明朝前期，那你基本就是最苦逼的一群人。如果穿越到明朝中后期，那你基本就是最嚣张的一群人。

明朝官员的苦逼，恰如明朝中后期海瑞的一句话：设百官如家奴。看看明朝前期，特别是朱元璋统治时代官员的生存状况，这是句实话。

明朝开国皇帝朱元璋出身平民，这种出身，对于他的治国思想的最大影响，就是牵挂百姓疾苦。制定国策的时候，尽可能的会从老百姓的视角出发，但这样一来，也带来一个跑偏的问题：在制定官僚制度的时候，也同样是从老百姓的视角出发。而对比官员的实际情况，我们却不得不说，有些事他确实跑偏了。

典型跑偏的，就是明朝官员的工资制度。在后世眼里，明朝官员的工资，算是历代封建王朝里比较低的。做到一品文官，年薪折合成人民币，大约有三十二万。在朱元璋眼里，这笔工资不算低，他在亲手编订的《酷贪俭要录》里就曾教育官员们说：不要觉得我给你开的工资低，这些工资如果你们用来养家糊口，是绝对绰绰有余的。从表面看，朱元璋的这个判断是没有错的，可是朱元璋忽略了，官员们的生活现状，与普通老百姓是不一样的。放在明朝，如果你成了一个官员，那么按照官制，出门要坐和你的官制品级相符合的轿子，否则就是违制，而轿夫的工资，也要从官员工资里出。同时，如果你得到了任命，做了地方官，到了人生地不熟的地方，为了办事方便，就要请师爷，师爷的工资，也是从官员自己的工资里出，外加官员家里，一家大小数口，再算上佣人，吃喝拉撒的开支，也是从官员工资里出……如上种种，朱元璋认定那养家糊口绰绰有余的工资数额，放在官员身上，却是越发不够用。官员的生活成本，即使过普通生活，也是在老百姓之上。这还是在明初，随着明朝社会经济的发展，物价也跟着发展，而工资的变动，显然也经常滞后。而这些，自然也是朱元璋忽略不计的。

朱元璋忽略不计的后果，就是在明朝，官员如果不设法捞点外快，日子恐怕就难过。明朝官员的一大特点是，越是有名的清官，就越是有名的穷官，典型如大名鼎鼎的海瑞，不但清廉到地球人都知道，也穷得到地球人都知道。在明初，深恨贪污腐败的朱元璋，以严刑峻法整顿吏治，朱元璋执政的三十年，是明朝历史上惩治官员数量最多的三十年，获罪的官员中，不乏有罪大恶极、贪墨害民之徒，但也有一些官员，却是"躺着也中枪"，比如在明初的法律规定里有一些针对官员的奇怪规定，如果地方官到任后，下乡检查工作，就属于扰民，要被处以刑罚。这个规定的初衷，是防止官员们借着下乡为

中国历史上最后一位宰相胡惟庸

名，敲诈勒索地方，但是带来的另一个问题是，有许多地方政务，是必须要官员亲自下乡处理的，如果不许下乡，就算没培养出贪官，恐怕也会培养出一些尸位素餐的懒官。朱元璋时代，是明朝能臣尤其是擅长治民的能臣出得比较多的时代，可也是一个官员获罪比较多的时代，除了在贪污腐败以及公务上给官员设立诸多条条框框的标准之外，明朝甚至还采用了杖责刑罚，官员们稍有过错，就会被打板子，当场被打死的都有。朱元璋时代，还发生了诸多大案，除了以整顿功臣为主要内容的"胡蓝案"外，也有以整肃贪污腐败为主要内容的"空印案"，以及整顿科举为内容的"南北榜案"，这些案件中获罪的，也不乏当时知名的学者和清官廉吏，在惩治了坏人的同时，也不可避免地导致一些好官蒙冤。比如著名的"南北榜案"中，当事的科举考官刘三省，完全以公正态度取士，并没有舞弊，但最终还是被判流放罪。

　　在朱元璋的整个统治时代里，明朝的官员，一度到了人人自危的地步，日子过得又穷又恐怖。而官员们命运的真正改变，却是从永乐皇帝朱棣开始。

　　朱棣登基后，尽管也和朱元璋一样，造出过多起大

案，但是他有一项重要的举措却影响深远——依法治国。朱元璋虽然制定了《大明律》，但是真正做到完全按照大明律行事，依法判案的，朱棣时代是个重要的转折。比较有代表意义的事情有两件，一是永乐六年（1408），法司宣判一起案件，判决处死者有三百人，朱棣下令复查，结果发现其中二十人是冤枉的，从此之后，朱棣设立了明朝的死刑复核制度——五复奏，即一次死刑案的审判，要经过五轮的复查程序，最终由皇帝签字确认，叫做"勾决"。从此之后，如朱元璋时代动辄株连甚广、无数人头落地的景象，在明朝基本杜绝。另一件事没有确切的年份记载，意义却同样重大：一次明朝户部发生冒领钱粮的丑闻，朱棣闻讯大怒，下令把犯事官员全部处死，结果负责案件的刑部官员回答说：按照法律，这些官员不该判死。这话如果让朱元璋听了，恐怕说这话的刑部官员，也要陪着犯人一起死，但朱棣却没有动怒，反而自责说：你说得对，是我一时气糊涂了，居然把法律给忘了。这件事，也从此确立了明朝历代皇帝的基本原则：法大于人。

朱棣时代，是明朝官员话语权改变的关键时期。虽然朱棣本人是个刚猛能干的帝王，但从制度上，他却为后来明朝官僚体制的演变开了先河。内阁是在他在位时首设，而地方上的巡抚，也是在他在位时候确立，明朝从中央到地方权力的再分配与整合，都是从他在位时开始，与此同时，宦官的地位也在朱棣在位时扶摇直上。在行政权力体系的改革上，朱棣确实一碗水端平。

朱棣一碗水端平的后果，就是在永乐朝以后，明朝官员的生存状况彻底改变，明初几十年的苦逼压抑开始反弹了。明宣宗朱瞻基时代，以"三杨"为首的内阁，成为了明宣宗最为倚重的大臣，他们三人组成的内阁，也成了明朝政府各部门中的核心。

百事通｜CHUANYUE BAISHITONG　明朝不可不知的历史细节

123

《授徒图》　明·陈洪绶

朱瞻基更把票拟大权交给了内阁，也就是国家的各项国事处理，是由内阁拿出意见，然后经皇帝盖章后施行。这是明朝内阁摆脱朱棣时代的秘书身份，从此总领文官集团的开始，而明朝文官集团的话语权，也就是从此时开始节节升高，从原本皇权的工具，变成皇权的制约者。这种身份的转变，在体制改变的背后，同样也有力量对比的改变，明初之所以可以实行高度专制的体制，主要由于元朝九十七年的统治，特别是元朝长期的废科举，导致科举文化遭到重创，文化阶层力量薄弱，建立在这个基础上的明

王朝，也就可以轻而易举实现皇权专制，然而明朝建立后大兴文教，极度重视教育，并以程朱理学为主要思想，明朝官办学校的范围，是中国历代封建王朝中最广的，入学读书的门槛也是最低的，明初的官员，除了科举考试选拔外，也有民间选拔、推荐等多种出路，来源极其驳杂，而到了明

朝中期，科举出身的官员，成为明朝官员中的主流。这一类官员的特点是，一方面他们饱读圣贤书，理论水平极高；另一方面，科举的身份，使得官员们在与皇帝形成君臣关系的同时，其官员之间，也可以依据师生以及同榜，形成以科举关系为基础的政治派别，文官集团内部之间的紧密度大大加强，对于皇权的对抗力，也同样大大增强。另外重要的一点，还是恰如海瑞那句话"置百官如家奴"，比起宋朝"与士大夫共治天下来"，明朝从开国起，就对官员表现出一种极强的防范意识，无论朱元璋的严刑峻法，还是厂卫的设立，最初的针对对象，主要是各级官员。君臣之间的关系，从一开始就是对立；当文官集团的力量逐渐强大，从明朝早期被压制的处境中成长起来后，对于皇权，强大起来的文官集团，自然而然也就会产生抵触。因此与皇权争夺话语权，就成为之后明朝君臣之间经演不衰的剧本。

　　而明朝文官集团的强大话语权，除了由于明朝经济文化的发展，造成的文官集团实力上涨外，另一个原因，却是朱元璋早期建立高度集权体制时，不小心为后世帝王挖的一个坑——建立明朝特色的言官制度。明朝文官，给后世的一个重要印象，就是以御史和给事中为代表的言官们的嚣张，他们的话语权之大，对皇权的对抗力之强，简直到了放在其他朝代难以想象的地步。而这个现象，最初也是朱元璋建立专制体制时的必要手段。

　　朱元璋建立的专制体制，在皇权之下的各级官僚机构，有两个特点，一是分权，即有权力的部门被拆分，谁也不能独立专权；二是互相监督，在部门之间互相制约的前提下，又完善监察机构，强化御史权力，监督行政权，同时又新设给事中，用来监督六部。即使是朱元璋政治极度高压的统治时代，明朝以都察院和给事中为代表的言官们，也是少有敢和朱元璋顶牛的，朱元璋时代最著名的两个直臣韩宜可和周观政，都是言官身份出身，这群人

明朝科举

官阶小，权力却大，可以逮谁骂谁，和官阶高得多的行政官员之间，恰好相互制约。

按照朱元璋的设想，这帮以骂人找茬为职业的家伙，应该成为保卫皇权最好的保镖。

然而，随着时间的推移，这些人的作用却完全走了样，早期的御史们还算认真，大多以揭发不法、弹劾贪官为己任，然而诸多的原因，却令明朝的言官制度，失去了其原本的效用。首先是言官的考评制度，评价一个言官工作成绩的标尺有两个，一个是看他骂谁，他骂的人越牛，就说明骂人的人越牛；二是看他骂的事，他骂的事越雷，骂人的家伙出名也就越快。所以本着这两条标准，明朝言官们骂的人越来越牛，骂的事也五花八门，终于有一天，当整个文官集团话语权越来越强的时候，言官们的眼眶，也变得越来越高，骂大学士，骂尚书，都不够过瘾了，骂皇帝才是真本事。于是，明朝中后期的历代皇帝，基本都没少挨骂。被骂的事，有就事论事的，但被乱骂的也同样多。

而明朝科举制度的演进发展,也影响了言官制度的变迁。明朝的言官,主要来自科举的参与者,负责科举录取的,主要都是文官集团中的首脑人物,如果科举中榜并成为言官,也就很自然地和文官集团的首脑们建立了相应的师生关系,成了相互利用的盟友。明朝官场中的重要派系关系——师生关系,也就这么建立起来了。如此一来,原本以监督官员的名义设立的言官制度,一下子变成了文官集团自己的枪。比如文官集团的大佬们要搞政治斗争,就需要其亲信的文官开路,明朝重臣之间的相互攻击,一开始基本上都不是重臣们自己上阵,都是麾下的亲信——言官们打头阵。而更让皇帝们抓狂的是,如果碰上文官集团和皇帝顶牛,第一个给文官集团出来当炮灰打头阵的,依然还是言官们。言官制度,这个明王朝最初设立、用来制约文官集团的新体系,反过头来,却成了文官集团对抗皇权的一杆枪,这恐怕是开国者朱元璋没想到的。

而也正是这个原因,使我们仔细审视明朝历史的时候,就可以理解明朝言官们一些匪夷所思的行为了:他们并不怕皇帝治罪,甚至皇帝越生气,治他们的罪越重,他们就越高兴。因为一个人一旦成为言官,那么他的人生追求也就确定,就是要靠骂人来搏出位。如果被骂的人是皇帝,那么他的地位越高;如果反应越激烈,那么距离梦想也就越近。同时他们骂人的理由,也越来越雷人,相当多的人,不但宽于律己严格待人,而且是为骂而骂,有时候简直到了鸡蛋里挑骨头的地步。其实骂谁,骂人家什么,对于言官们来说,并不是一件重要的事情,重要的是,他是为什么骂,更是为谁骂,按照官场俗话讲,就是屁股决定脑袋。

当然并非所有的言官都这样,明朝历代,也出现了不少铁肩担道义、以家国大事为己任的优秀言官。然而言官的兴衰,其风

百事通|CHUANYUE BAISHITONG

明朝不可不知的历史细节

127

气的正邪，却与整个明王朝的走向息息相关，在明王朝处于上升势头，生机勃勃的时代，言官中总会涌现出不少正面的代表，以其刚正的品格和一心为公的精神得到后人的敬重。当明王朝处于转折时期，危机四伏的时候，也会涌现出许多明知不可为而为之的言官们，即使灾难深重，却依旧义无反顾，甚至以身殉道。然而，当明王朝的言官们，一个个都只为私利打算，表面慷慨激昂的外表下，却打着自己的肮脏目的，那么这个王朝，也就真到了没救的时候了。

明朝党争的演变

说到言官们可能怀有的"肮脏目的"，其中之一，便是中国历代封建官场的老剧本——党争。

尽管党争非明朝独家产物，历朝历代都有，然而明朝文官集团强大的话语权，以及其君臣之间的特殊关系，也使得明朝的党争变得异常的复杂。而这，也是假如我们穿越到明朝做大臣时，需要格外正视的问题：有理想固然重要，然而站稳脚跟同样重要，在明朝官场站稳脚跟的前提，就是要在党争中站对位置。

要在党争中站对位置，首先，也就需要了解明朝党争的演变，尤其是文官集团党争的演变。

明朝文官集团的党争，在明王朝的不同时期，热闹程度也是不同的。明朝最早的一场党争，当属朱元璋时代，

刘伯温像

以李善长为代表的淮西派，与以刘伯温为代表的浙东派之争。但这场争斗的结果，却是两家全完蛋，先是刘伯温被淮西派害死，浙东派失势，接着淮西派更惨，被朱元璋发起的"胡蓝大案"，来了个连窝端，捎带着连丞相制度也被取消了。接着朱元璋大权独揽，高度集权的专制体制建立，明朝的党争，也就一度销声匿迹。朱元璋又狠又猛，外加百官本身就职权有限，当然也就没得争。

之后的朱棣时代，也曾围绕着立太子问题，发生过以太子朱高炽为首的太子党，与以皇子朱高煦为首的功臣党之间的争斗。但这一类的争斗，持续时间都很难太长，参与争斗的派系，其自身的成员结构，也非常松散脆弱。何况这些争斗的参与者，并非完全来自文官集团，不但有大量文官集团之外的要人卷入，有时候还往往是文官集团抱团，和其他派系争斗。

这时期的明朝，科举制度初立，文官集团自身的力量还在成长中，外加话语权也不强，当然争不起来。

明朝文官集团内部的党争，起于明朝中期，第一场真正意义的文官党争，却还是拜了土木堡之变所赐。在明英宗沦为俘虏到放归期间，即位的景泰帝，也动了废黜明英宗的儿子，另立自己儿子做太子的主意，此举立刻在朝堂上掀起轩然大波，文官集团也立刻分化，支持废立太子的官员分成两派，相互攻击多年，这场争斗，最终以明英宗复辟告以结束。在明英宗复辟登基的八年里，得到重用的官员，大多都是在之前争斗中反对废黜太子的，而遭到贬罢的官员却大多都是主张废黜太子的。

从这场短暂的文官集团党争中,可以看出明朝文官党争的几个必要条件,一是党争必然发生在文官集团地位较高,甚至压倒宦官集团的前提下,没有外敌的时候,文官集团内部,必然会互相掐得厉害。二是党争的派系划分,主要是以内阁重臣为首领,每一个党争的首领,都有一张以师生、同年、老乡三种关系为主要方式的关系网。而这两个条件,是党争中需要充分利用的两大条件。

纵观明朝历代党争,凡是文官集团内斗得热闹的争斗,基本都诞生在这两个基本条件下。明朝从中期以后几场著名的党争,一是明朝嘉靖年间的"大礼议之争",二是明朝嘉靖至隆庆年间的"首辅之争",三就是明朝万历年间东林党与齐楚浙三党以及之后的阉党相继发生的争斗。这三场党争,都是发生在明朝文官集团力量扶摇直上,压倒宦官集团的时期里。

相比之下,宦官权力与文官权力并重的明孝宗时代没有党争,重用宦官的明武宗时代没有党争。

一旦介入到党争里,又是新入行的官员,想要两头不得罪,独善其身,通常都是很难的。而党争的胜负,也同样无法以短期的力量来判定。往往看似力量强大的一方,最后却极有可能是失败者。

明朝嘉靖年间的几场重要党争,都是以弱小方的胜利而告终。先是"大礼议之争",靠支持嘉靖皇帝而得到宠信的张璁、桂萼等重臣,在朝廷里属于弱小派,他们的对手,是历经三朝、位高权重的内阁首辅杨廷

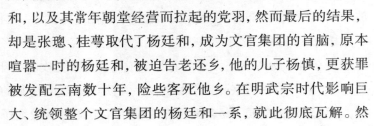

和,以及其常年朝堂经营而拉起的党羽,然而最后的结果,却是张璁、桂萼取代了杨廷和,成为文官集团的首脑,原本喧嚣一时的杨廷和,被迫告老还乡,他的儿子杨慎,更获罪被发配云南数十年,险些客死他乡。在明武宗时代影响巨大、统领整个文官集团的杨廷和一系,就此彻底瓦解。然

杨廷和像 嘉靖三年，因"大礼议"与世宗意不合，罢归故里，隆庆初复职

而得胜的张璁，很快又和新崛起的夏言一派发生矛盾，这时候的张璁，取代杨廷和成为内阁首辅，也成了权势滔天的一方，然而结果却是，看似无权无势的夏言，最终取代了张璁，成为文官集团的新领袖。可夏言嚣张了没多久，又碰上了大器晚成的严嵩，同样是夏言占尽优势，官位高且政绩卓越，却最终败给了严嵩，而且败得更惨。杨廷和最惨不过告老还乡，张璁最惨不过罢官回家，夏言却连保命的机会都没有，被严嵩罗织罪名杀害了。

除了争斗的胜负难测外，参与党争的官员，也需要时刻保持警惕。因为今天的朋友，有可能在一场党争结束后，就变成你的敌人，并成为下一场党争的胜利者。就以上这一系列争斗来说，面对杨廷和，张璁和夏言是朋友，然而杨廷和走了，夏言就成了张璁的敌人；面对张璁，夏言和严嵩是朋友，然而当张璁罢官后，俩人又接着水火不容，夏言本人，也死在了严嵩这位老友兼对手手里。

而胜负难测的党争，其实最终决定胜负的，不在于争斗双方在战场上的各类手段，相反却是功夫在诗外——取得皇帝的支持。在明朝最高权力的铁三角里，高高在上的皇帝，既是党争的仲裁者，也是党争胜负的最终决定者。

明朝有别于唐宋的政治体制，决定了明朝的皇帝不必像唐朝皇帝面对"牛李党争"时那般苦恼地慨叹"去党争难"，也不必像北宋的皇帝那样，面对王安石变法引发的"新旧党之争"，一次次见证推倒重来的悲剧。明朝皇帝看党争，完全可以抱着看戏的态度：明朝三角形体系的政治构架决定，不管党争的双方怎么争，都挑战不了最高皇权，其整个争斗的走向，其实也都是在皇权的控制下。在一场党争开始后，明朝皇帝可以耗费大部分时间，仔细观察双方的争斗，并从中作出一个抉择——这场争斗的胜利者，未必是在争斗中表现最好的，相反应该是对皇权最没有威胁，且最能干活的。当皇帝作出抉择后，就会在党争中作出判定，判定的结果，就是党争的胜负。

所以从明朝中后期开始，一场场看似力量悬殊的党争，最后大都以弱小战胜强大而告终，原因正在于此。也正是因为这时候的明朝皇权，对于党争有着充足的掌控能力，也使明朝的党争，出现了有别于唐宋的另一个现象：

唐朝"牛李党争"的结果，就是唐朝的国家大政，要么按照牛党说的办，要么按照李党说的办，国家反复折返跑。北宋"新旧党争"，更是穷折腾，新党上台了就变法，旧党上台了就恢复祖制，用人方面更是抽风般的换，新党上台了罢旧党的人，旧党上台了就罢新党的人，来回穷折腾，最后国家都折腾没了。相比之下，明朝从嘉靖至隆庆年间的党争，却是中国封建史上相对理性的——只争派系，国家大事上却不折腾。比如张璁和杨廷和党争，虽然杨廷和最终败北，但胜利的张璁，在国家经济建设上，却

继承了杨廷和经济改革的思想，完成了杨廷和未完成的政治目标。嘉靖晚期至万历早期的党争更是如此，那些年明朝官场很热闹，先是徐阶击败了严嵩，接着高拱轰走了徐阶，最后张居正挤走了高拱，但不论谁来谁走，这几代政治家，却不约而同地推广实行一件事：农业税改革，变收实

吏部尚书 徐阶像

物税为货币税。严嵩当政的时候，这事开始在一些地方试点；徐阶当政的时候，这事开始在江南试点；高拱当政的时候，这事开始全国推广；张居正当政的时候，这事以制度形式固定下来，成为中国之后到清末的基本税收模式——一条鞭法。这种只废人不废事的党争模式，比之前的朝代更加理性。

然而明朝党争的这种理性，却是建立在一个前提下：国家对于党争，乃至对文官集团，都有控制力。这种控制力来自两个方面，一是国家有有效的制度，能够对党争进行约束和控制；二是参与争斗的政治派系，都是出自文官集团体制内部。然而这两个条件，到了明朝万历年间发生了变化，首先是张居正死后万历亲政，因痛恨张居正专权，随即清算张居正，捎带废黜了张居正改革的重要成果之一——考成法。这个法令虽然有漏洞，但他是对官员们行为的重要约束，没有了约束的官员，也就少了一个枷锁。接着万历因为废立太子的问题，开始消极怠政，创下三十年不上朝的新纪录，他的消极，让官员们变得更积极，控制力的减弱，也使官员们开始以各种名目结党。偏偏与此同时，明朝阳明心学大兴，自由思想活跃。民间结社行为盛行，起于民间的东林党，很快进入了明朝官僚体系中，并引发了与齐楚浙等党派的斗争，而万历的消极，更令明朝党争从此失去了皇权的制约，带来的结果就是，原本理性的党争，到明末的时候，反而进入了无序状态，无论东林党还是后来的阉党，在得志之后，对于对手都是既废人又

废事。末代皇帝崇祯帝虽然清算阉党，但是对于当时明朝烂透了的朝局，已经无法收拾，党争败坏下的官场风气，导致官员对于崇祯的要求阳奉阴违，整个官僚体制最终失去了活力。明朝灭亡的时候，煤山上吊的崇祯说了两句话，一句是诸臣误我，另一句是文官皆可杀。那时候的明朝，文官体系早已烂透，就算没有李自成，恐怕也是撑不了多久了。

穿回明朝做官员

所以如果穿越回明朝做官员，想要达到匡扶社稷的伟业的话，明末显然不是一个好去处。

明末最大的悲哀，既不是内外交困的作战，也不是天灾人祸的肆虐，最重要的问题是，这个官僚体制，已经无法给有志之士一个实现理想的平台，明末并不缺人才，就拿剿农民军来说，卢象升、孙传庭，甚至被俘的洪承畴都是大才，然而他们三个人在晚明的仕途上，遭遇到的最大挑战，通常不是敌人，相反却是自己人。卢象升曾经多次击败农民军，甚至被农民军叫做卢阎王，然而因为他反对议和，因此遭到崇祯亲信杨嗣昌陷害，最终被迫带着五千老弱残兵，去与进犯的清军血战巨鹿，兵败阵亡。孙传庭更惨，明末的农民军领袖里，高迎祥是他活捉的，李自成是被他打败的，然而由于不善巴结逢迎，他在每次打完胜仗后，都免不了遭到猜忌陷害。他人生中的最后一战，是1644年在陕西潼关阻击李自成，当时兵力劣势的他只要守住潼关，就能牵制李自成，为明王朝反击赢得时间。这不只是他唯一的得胜机会，也是整个明王朝最后一次挽

卢象升像

孙传庭像

救生机的机会，然而刚愎自用的崇祯帝，却在这个时刻死催他进兵，结果被迫进兵的孙传庭全军覆没。明王朝也自食其果，最终被李自成灭亡。

　　而如果穿越成一个年轻官员，又要在党争中获胜，最好的抉择，恐怕就是穿越到明穆宗在位的时代，也就是明朝隆庆（1566—1572）年间。这时期是明朝党争的又一个白热化时期，先是高拱与徐阶争权，接着又是张居正与高拱明争暗斗。看似不好混，却其实有几个好条件：首先这个时代的皇帝，明穆宗朱载垕，是一个表面愚笨却内心精明的明白人。他懂得在党争中合理地利用局面，作出正确的判断，他在徐阶与高拱争权时候的以退为进，以及对于后来海瑞巡抚江南事件的处理，其手段都格外熟练。对高拱非常倚重的他，和高拱之间，更是难得的君臣相知。而这个时代参与党争的几位大佬，也同样保持着君子风度，虽然斗起来你死我活，但是斗完之后，对手曾经的亲信，他们未必会排斥，典型如水力学家潘季驯，高拱当权的时候，他就曾因治理黄河有功而出名。而后高拱被张居正排挤，欣赏潘季驯才华的张居正，非但没有因为高拱的关系对他打压，相反继续委以重任，也正因如此，潘季驯才完成了整治黄河的伟业。同样境遇的，还有葛守礼等人，他们都曾是高拱的亲信，却一样在高拱政敌张居正大行改革期间大展拳脚。理性党争下的开明包容，促成了这个被后人称做"隆万中兴"的时代。

而和党争相对应的，就是官员在升迁路上的奋斗，也就是追求个人官职进步的过程。可以说在明朝，官员的升官考核任免程序，是比前代都严格的，虽然早期至中期的时候，还曾出现过"传奉官"，即不经组织程序就得任命，靠逢迎巴结皇帝得官者，但也只限于小官，真正位高权重的要害职务，无不要经过艰苦卓越的奋斗获得。具体到不同官职上，奋斗的流程也是不同的。

首先说统辖行政权的内阁，成为内阁大学士，对于明朝官员来说，自然是极其盼望的，尤其是"入阁"，那是官员莫大的荣耀。但要做到这一步也未必易事，明朝内阁大学士的选任，从永乐年间到中后期，也是经历了一个演变过程，最早的内阁，其人员都来自皇帝直接任命，从永乐年间到宣德年间都是如此，但那时候的内阁，只是皇帝办公的秘书处，话语权极小，独立性也极差，但从宣德年间开始，内阁威权直线上升，当年那些给皇帝打杂的小秘书，早已摇身一变成百官首领，身份地位变了，内阁的话语权也要变，更新换代，也得由自己说了算。于是从明朝正统年间起，开始实行用内阁阁臣推荐大学士人选的方式，这个改变看似微不足道，其实对明朝内阁的发展意义重大，它标志着内阁不再是一个简单的秘书机构，相反成了权位至关重要的行政核心部门。第一个经过阁臣推荐方式进入内阁的大臣，就是明朝正统年间的内阁大学士曹鼐，而促成这个转变的人，并非是位高权重的阁臣，相反是文官清流的对头——宦官阶层。彼时位高权重的大公公王振，为了能在内阁里安插亲信，便假借内阁推荐的名义，把曹鼐等人安插进来。标志内阁权力提升的重要一步，竟然由内阁

的死对头来完成，这或许就是历史的幽默。

老阁臣推荐新阁臣的选拔方式，从正统年间以来，一直沿用到明末。这种方式不仅是内阁自身的新陈代谢的需要，也是明朝官场重臣们扶持亲信、拉帮结派的方式。能进内阁的重臣，基本属于文官里的大佬级别，哪位大佬推荐的人能如愿入阁，那么他在内阁中的声威，自然更加如虎添翼。所以内阁推举大学士人选，这个简单的流程，也就经常成为阁老之间权力博弈的战场，但是对于那些大权独揽，在内阁呼风唤雨的权臣们来说，这战场就没啥挑战力了，他们想推荐谁就推荐谁，比如万历年间权倾一时的名臣张居正，他担任内阁首辅期间，如吕调阳、申时行等后来的名臣，都在他的推荐下轻轻松松入了阁。

也正是因为许多人的入阁，因此变得轻轻松松，所以引来的非议也同样多。随着内阁威权的加重，在朝廷各部门中，它更成为了众矢之的，不但许多人做梦都想进，许多双眼睛更死死地盯着，被阁臣推荐入阁的大学士，哪个不是带着一堆流言蜚语？官场升多大的官，背后就被人嚼多长的舌根子。日久天长，这种阁臣推荐入阁的方式，也被人嚼够了舌根子，甚至被当做权臣结党营私的标志，也自然会引起皇帝的猜忌。于是为求公平公正，在阁臣推荐模式诞生后几十年，一种新的选拔模式也应运而生——廷推。

所谓廷推，就是内阁的新阁臣，要由六部中负责官员任命升迁推荐的吏部牵头，会同六部九卿以及各科道共同推举。也就是说，要通过廷推成为大学士，巴结领导是不够的，还要搞好群众关系，至少要有个好人缘。工作成绩不但要好，还要名声在外，各单位都要混个脸熟。这套推荐方式的最大特点，就是先经集体

明太傅文正公像

李东阳像　　　　　　谢迁像

推荐，再经组织鉴定，最后通过讨论，确定出新大学士的人选来，能从这套推荐方式里杀出来的，基本都是各方面过硬的牛人。除了有能耐外，运气也很重要。因为按照《明实录》的说法，每次的廷推，都会引来当场争吵声一片，碰上脾气不好的，卷袖子动手的都有。但是仅仅能从这套推荐过程里突围出来，却未必一定能入得了阁，因为廷推的最后一关，就是皇帝批准，通常都是以集体推荐的方式，确定五个候选人呈报皇帝，再由皇帝从这五个人中择优选取两个，倘若能幸运选中，入阁梦想才算实现。一般说来，能从这套廷推过程里突围出来的，通常都是明朝历史上才能卓越的名臣。明朝有文字记录的第一次廷推，发生在弘治八年（1495），那年经过一套严格的组织考察与推荐讨论，确定了五个内阁大学士候选人，弘治皇帝从中选择了两个，这两位，便是弘治皇帝在位时内阁三位重臣中的两个牛人：李东阳和谢迁。

　　而随着廷推制度日益固定，先前皇帝任免阁臣的模式，也有了一个专用名字：特简。在相当长的时间里，特简和廷推并行使用，成为明朝内阁大学士选拔的基本模式，而原本由内阁大学士举荐人选的做法，在张居正去世后就

基本废止。

诸上几种方式的实行，虽然都有各自不同的目的，但根子上的目的却是一样的：为大明朝选拔靠谱的能臣。可随着明朝的国事日坏，这两样看着靠谱的制度，也越发变得不靠谱，无论是皇帝自己选，还是群众讨论选，选出来的却一个不如一个，尤其是到了明朝崇祯年间，末代皇帝崇祯处于无人可用的窘境。

当崇祯灭掉了魏忠贤为首的阉党，灭完了才发现，重新得到重用的文官集团，内部却掐得厉害。具体表现在不管谁当大学士，都是骂声一片，谁干活，总有另一帮人来拆台，搞来搞去，大臣搞掉了一大把，工作一件没干成。万般无奈的崇祯帝，不得已竟然干出雷人之举——开发出了新选拔模式，美其名曰"枚卜"，说白了就是抓阄。皇帝也不指定，大臣们也别吵，谁当大学士，全靠抓阄抓出来。也就是说谁升官，全看老天爷的意思了。没想到老天爷也不给面子，崇祯当政十七年，内阁大学士换了五十个，兵部尚书换了十四个。位高权重的官员，转眼间就老母鸡变鸭，如此局面，就好比是一个人的身体，新陈代谢如果过快，那肯定要出问题。明帝国的健康，就在这样快速的新陈代谢中走向了衰败，直到崇祯十七年明朝灭亡，而以自尽来了结自己执政生涯的崇祯帝，直到生命最后时刻，依然对这个问题愤懑不解，他的遗言里有两段是说文官的，一句叫"诸臣误我"，一句叫"文官皆可杀"。

这两句遗嘱，其实都是气话——诸臣并不是有意要耽误皇上，杀掉所有的文官也解决不了问题，关键问题是，这个王朝晚期，官僚体系的新陈代谢出了严重问题，国家更失去了对官僚体制的合理监督控制能力，最终的无序和堕落，才是明朝灭亡的真相。

铁 马 冰 河

　　不管穿越到哪个朝代,在穿越内容的选择上,永远都有一个既充满诱惑力,又同样充满高风险的选项——穿越成一个军人,成为战无不胜、横扫沙场的将军。

　　这个选项的诱惑力,从来都是不分朝代的。但这个体验,风险度也是非常高的,甚至在穿越的诸多选项中,它可以说是最为高危的一个:首先是安全性差,然后是技术含量高,最要命的是,就算打了胜仗,却很可能更难混,"树大招风"这个成语,将军们绝对是受害的最高危群体。

　　当将军的技术含量如此高,因此也可以确定,如果一个人没有经过任何的准备,没有受过任何的磨练,直接一步到位,穿越到古代做了将军,那么凶多吉少是一定的。

　　那么具体到穿越回明朝,做一个成功的将军,究竟要受哪些罪呢?要了解这个,我们不妨先认识一下,明朝军队,是个啥样的光景。

【军队】

明军是这样强大的

明军开国起点

　　在中国历代封建王朝中，汉唐是两个公认的武功强盛的王朝，比起汉朝横扫匈奴的威武，大唐战无不胜的风光，大明军队，在史料的纪录中，貌似是相对低调的。事实上，低调只是表面现象，低调的明军，是一支威武之师，光荣之师。对比明军的发展历程，这绝不是溢美之词。

　　明军开国的起点是非常高的，甚至说对比之前其他历代封建王朝，明军在大明开国战争中所遭遇到的对手，是极其强大的。他所战胜的，是在中世纪曾横扫欧亚的世界最强骑兵——元朝蒙古骑兵。而且它还完成了两个奇迹：第一，他是中国历史上继西汉之后，又一支以农民起义军的身份脱胎而来，最终完成改朝换代大业的军队。第二，他完成了中国古代军事史上一件空前的壮举，第一次以由南向北的形式北伐成功，实现了

中国的统一大业。这两件事,绝对是高难度动作。

完成这样一个高难度动作的明军,也并非先天就这样强大,相反也是从一穷二白的基础上默默积累实力,最终在元末农民战争中破茧而出,笑傲四海。

元末天下大乱,四方起义烽烟四起,按照评书里的说法,就是"十八路反元",这其中最重要的反元起义军,就是南方"红巾军"。

明朝皇帝朱元璋,最早也是红巾军的一员,他一开始投奔濠州红巾军领袖郭子兴,虽然郭子兴很赏识他,并把养女马氏(明朝开国第一任皇后马皇后)嫁给了他,但他始终得不到信任,为了壮大自己的力量,元至正十三年(1353)六月,二十五岁的朱元璋以红巾军将领的身份,回到家乡安徽凤阳募兵。这次募兵一共招募来七百多名青壮。看似人数不多,但在历史上却有重要意义——如果朱元璋回乡募兵的日期,在历史上有精确到哪一天的记录的话,那么这一天绝对可以算做大明王朝的"建军节",后来打下大明王朝江山的那支雄师,正是以这支七百人的小部队为基础成长起来。而后来诸多横扫天下的大明名将,诸如徐达、常遇春等名垂青史的军事家,都是出自这支队伍。甚至这支队伍里的许多小兵,诸如郭英等人,在明朝开国战争中也节节立功,飞黄腾达。可以说,如果我们穿越到元末明初当兵,恰好正"穿越"进这支部队,那么最终的"发迹率",可以说是相当高的。

然而"发迹率"大,风险性也格外大,当时的朱元璋并不受红巾军信任,相反处处受气,带兵打仗更是要啥啥不给,粮草军械都要自己想办法。他招来的兵,也大多都是没打过仗的新手,就算徐达、常遇春这些后来横扫沙场的名将,在当时也都可以算

明朝战争场面

是军事菜鸟。这七百人，说不好听其实就是乌合之众，拉出去打仗，胜败不好说，伤亡惨重却是肯定的。后来朱元璋带着这支军队打了几仗，地位也节节攀升，但也继续在红巾军内部受挤兑。不得已转战定远，这支七百人的队伍中，他挑选了二十四名亲信随行，这二十四人，就构成了大明开国将领的雏形阵容：徐达、常遇春、宋朝用、郭英等后来的名将都在其中。至于其他人，后来在史料中都销声匿迹，也就是说，如果穿越进入这七百人，想要最终建功立业，就必须在朱元璋转战定远时被选中，成为二十四名亲信之一。之后朱元璋带着这二十四人招兵买马，在老领导郭子兴过世时，他已经有了数万军马，坐拥和州、定远等地盘，并趁元王朝麻痹大意的时机攻克了南京。大明王朝后来争雄天下的本钱，就这样打下来了。

朱元璋从早期拉队伍开始，一直奉行的策略，就是谋士朱升所提出的"高筑墙，广积粮，缓称王"，这个策略说白了，就是不争出风头，耐住性子发展力量，尤其是军事实力。早期明军的力量，也是在这个过程里暗暗壮大。

　　然而力量壮大，却不等于军力强大。特别是占领南京之后，朱元璋在军队建设上最苦恼的事情，就是军队的纪律松弛，虽然朱元璋施行严刑峻法，对于各种军纪败坏的行为严惩不贷，但是因败坏纪律乃至招来民怨的事还是时有发生。后来的《明实录》里记载，当了皇帝的朱元璋，有次与大臣们回忆早年往事时，说过这样一个事情，一次他骑马巡逻，突然看到一个孩子在野地里哭，一问才知道，孩子的父亲被抓进军营当劳工，母亲也被劫掠进去，只留下孩子一个人。朱元璋当场大怒，愤而下令彻查，结果查明孩子的父母确在军营，并在朱元璋的关照下得以一家团聚。然而令朱元璋更加震惊的是，这个孩子一家的遭遇，在朱元璋军中绝非个例，相反比比皆是，之后经过连续十天的彻查，查明因军队劫掠而导致夫妻离散的家庭，竟然有数百家之多，虽然在朱元璋的严令下，这些家庭得以团圆并给与优厚的抚恤，但

明朝战争场面

是明军当时的纪律状况，却可见一斑。《明实录》说，即使二十多年后，朱元璋在回忆这事的时候也感叹，如果明朝军队一直都是这种风纪，大明怎么可能取得天下啊！

那时的朱元璋，看似是一方枭雄，但他所面临的局面，却是极其严峻的。朱元璋占领南京后的中国，其实是四角鼎力。北方是以中央政府自居，占有中原以及蒙古草原和西域的元王朝。南方除了占有淮西以及南京的朱元璋外，更有占有湖北荆襄平原的"汉王朝"陈友谅，以及表面向元朝称臣，其实却占据苏南地区割据自立的枭雄张士诚。

在这四家里，朱元璋不仅是力量最弱的，而且还是处境最危险的，他的地盘夹在三家中间。论军队实力，他比不上陈友谅；论经济实力，他比不上张士诚。而且更严峻的形势是，就算打败了张士诚和陈友谅，想统一天下，就必须要战胜元王朝，也就是要打败当时天下最强的骑兵——蒙古骑兵。

当时实际情况又是怎样呢？在朱元璋之前，红巾军起义也曾一度席卷南中国，并发动了声势浩大的北伐，然而当进入北方平原，与强悍的蒙古骑兵交手后，由南方农民组成的红巾军却大多败下阵来。当时的元王朝，虽然后世史家常津津乐道他们的"腐败无能""皇帝昏庸"，但军事方面，彼时担负平定农民军大任，执掌元王朝军事大权的扩敦帖木儿（汉族名王保保）等人，可以说是不出世的名将，他们麾下的元军，也一改早期腐败无能的形象，战斗力直线恢复。

凶险的局面外加强悍的对手，使朱元璋必须要拥有一支强大的军队，他也一直在做这方面的工作，比如严明纪律，比如每攻克一处城池，都格外注意招降敌人中具有骑兵训练经验的将官并委以重任，甚至不惜重金，通过各种渠道在北方购买战马，然而大明军队真正摆脱"流寇"形

象，实现脱胎换骨，成功升格为"国家军队"，是在元朝至正二十年（1360）为转折，因为那一年朱元璋遇到了一个人，并展开了一番决定大明军队命运的谈话——刘伯温。

那一年，也是刘伯温第一次受朱元璋邀请，到朱元璋麾下效力，在谈话中，朱元璋面对这位早已声名在外的浙东大儒，提出了一个困惑已久的问题：为什么天下义军这么多，却屡起屡灭，始终难以成事？刘伯温却给出了一个令朱元璋震惊的答案：因为农民起义有"九恶"。所谓的九恶，就是历代农民起义都不曾避免的九条错误，一恶"不敬孔孟，亵渎圣人之道，败坏天理人伦"；二恶"攻伐无度，形同流寇"；三恶"时降时反，相互猜疑"；四恶"粮饷不能自足，临阵不知兵法"；五恶"掠人妻女财产，只知取之于民，而不知养于民"；六恶"为将者心胸狭隘"；七恶"为士者缺乏训练，作战形同群殴"；八恶"胜时聚集，败时作鸟兽散"；九恶"此义军与彼义军之间，相互猜疑，互相攻伐"。史载朱元璋"闻之勃然色变"。而刘基却毫无惧色，继而总结发言："九恶不除，虽称义军，实则草寇流贼。"

放在当时的环境下，这番宏论，等于打了朱元璋一巴掌，但朱元璋到底是朱元璋，挨了巴掌后不但不怒，反而如获至宝，不但对刘伯温大加重用，而且依照刘伯温所说的九恶，开始了针对性的改革。

这"九恶"中，涉及军队的是最重要问题，朱元璋也有了自己的办法。元至正二十二年（1362），朱元璋设大都督府，并正式确立军规二十二条，同年在南京设刑台，公斩二十二名犯事军官，从而震慑全军。

这个改革最重要的效果是，之前的明军虽然阵容庞大，但制度松散，管理疏散，可以说是草台班子。这之后的明军，却有了自上而下完备的军事制度和条令森严的军规。之前朱元璋抓军纪，风声紧的时候军队纪律就好，风声松了军队纪律就坏。这以后一切有了规章制度，不管风声松紧，一切都按制度来。军队立刻焕然一新。这之前的明军，好像一个内力深厚，却经脉不通的习武者，虽然不断地集聚力量，但始终不能把力量爆发出来，反而经常闹得内力失调；在这以后，明军算是彻底打通了任督二脉。

我们仅从明军的表现上，就可以看出这前后的脱胎换骨。

至正二十年之前，数目庞大的明军，每年都要消耗大量的钱粮。后来朱元璋痛定思痛，开始实行屯田制，不但军队自己要种地，还要帮助地方兴修水利。结果地方生产发展，百姓富庶，原本向老百姓征收用于军用的"寨粮"，朱元璋也大手一挥不收了，从此深得民心，战斗力方面，明军也直线进步。

至正二十年之前，面对最直接的对手陈友谅，朱元璋处于绝对劣势，然而这以后，朱元璋却开始逐渐取得胜利。

至正二十三年（1363）大决战时，陈友谅先以六十万大军，围攻朱元璋的边防要塞洪都，明军在朱元璋侄子朱文正的统帅下严防死守，以劣势兵力死守八十五天，硬是没让陈友谅前进一步。洪都之战，不但创下了中国古代战争史城池防御战的经典范例，更为朱元璋的反扑赢得时间。七月，朱元璋以二十万大军反扑陈友谅，双方在鄱阳湖决战，面对三倍于己的敌军，明军巧妙运用火攻战术，在顶住陈友谅疯狂攻击后，成功焚毁陈友谅旗舰，一举反败为胜。将陈友谅的汉政权——这个当时南中国最强大的割据政权彻底击败。两场以少胜多的经典战例，打出了明军的赫赫威名。

次年朱元璋调转枪口，开始进攻另一大割据势力——张士诚的"吴"政权。

如果说打陈友谅，明军经历的是防御战的考验，那么打张士诚，明军却又承受了攻坚战的洗礼。

张士诚像

在元末各路枭雄中，张士诚是最擅长打防御战的，他最成功的战例就是早年起兵时，以几万劣势兵力死守高邮城，顶住了元王朝由丞相脱脱统帅的百万大军，死守四十天后居然一举反败为胜。而这一次，朱元璋也在张士诚的铜墙铁壁面前碰得头破血流，在扫清张士诚外围，形成对张士诚首府平江的包围后，张士诚的严防死守发挥了效用，明军在平江城外围铸起了三层木塔楼，将其重重围困，并以塔楼向内发射弓弩火枪，却久攻不下，在战争后期，明军甚至动用了新式武器——襄阳炮。这是一种铜铸的重型火炮，按照《明史》的记录，它不但杀伤力强大，而且射程惊人，平江之战中，他的炮弹不但重创平江坚城，甚至更有炮弹落进了张士诚的王宫里。这场攻坚战，也可以说是人类战争史上较早的炮兵、骑兵、步兵协同作战的范例。经过八个月的攻坚后，明军终于攻克平江城，灭掉了张士诚政权。

这场战争除了政治意义外，军事意义也格外重大——战胜了当时中国最擅长防御战的张士诚，从此之后，在那个时代里，没有任何一条防线可以阻挡明军。

如果把争霸战争，比做现代拳王争霸战的话，那么之前明军与陈友谅、张士诚等割据势力的鏖战，好比争霸赛中的预选赛，为的就是获得挑战"拳王"——元王朝的资格。比起平定张士诚和陈友谅来，挑战元王朝对于明军来说，却是一个看似容易，其实难上加难的任务，从元末农民大起义爆发后，还没有一支起义军能够北伐成功，甚至再往前数，自从北宋灭亡后，以长江为界，更没有一支南方政权可以北伐成功。乃至再往前数，在之前的整个中国历史上，还没有一位开国皇帝，可以用从南向北的方式统一中国。明朝北伐元朝，不仅仅是改朝换代，更是在挑战历史的定律。

然而明军却成功了，除了正确的战术以及政治策略（两路北伐，先山东后大都，以及在北伐中坚持正确的民族平等政策和严明纪律，不滥杀无辜）外，军事层面，明军其实也作足了充分的准备。首先是骑兵，这可以说是明军与元王朝相比差距最大的环节，虽然在专业骑兵素质上，后天练习骑马的明军是有差距的，但是明军士兵也有自己的优势——长期严格纪律所形成的令行禁止的作风，以及刻苦耐劳的精神。而明军在与元朝主力部队对决时，正是把这两条发挥到了最大。

明军与元朝主力骑兵的经典决战有两场，一场是太原之战，一场是定西沈儿谷之战。

先说太原之战，这场战斗，集结了彼时明军两大将星——北伐元帅徐达与副元帅常遇春，本来明军意图直捣太原，谁知元朝名将王保保将计就计，反而抢在明军增援部队到来前提前驰援太原，以优势兵力列阵太原城外，挡住了徐达的主力。如此一来，兵力劣势的徐达，立刻陷入了危险的境地。然而徐达却将计就计，趁夜发动劫营，以主力决死一搏，突袭元军大营，一场混战后，歼灭元军四万人，俘虏四万人。

如果说这一战，明军多少还占了元军麻痹大意的光的话，那么接下来的定西沈儿谷之战，就更说明了明军的强大。当时明军进军甘肃，王保保

以攻为守，反而主动攻击兰州，意图引明军救援，继而集结优势兵力全歼。明军由徐达统军迎战，率军进抵定西沈儿谷与元军对峙。在兵力不占优势，后勤补给不畅，难以持久的局面下，徐达使出了"疲敌之计"，命军队昼夜擂鼓呐喊不停，摆出大举进攻的架势，却迟迟不发动总攻，其间更

多次击退元军反扑。经过数日对峙，元军被拖得筋疲力尽时，徐达果断下令反击，趁夜以中央突破战术直扑元军大营，一场厮杀后，八万六千多人被俘，五万匹驼马被缴获。全军覆没的王保保，只带着一家老小仓皇逃离。

这场战争的意义，不仅摧毁了元王朝最精锐的主力，使其彻底失去了反扑中原的能力，更重要的是体现出明军卓越的战斗素质——迅猛的冲锋，令行如一的坚决执行力，以及在艰苦环境下顽强的意志品质。

拥有这一系列优秀品质的明军，在之后相当长的时间里，成为敌人不二的噩梦。而且明军还顺便创造了另一项奇迹——

汉唐两个以武力著称的王朝，在早期建立政权后，苦于连年战乱经济疲敝的现实，面对外敌的侵扰，不得不采取妥协求和的方式安定局面，等到实力积累强大后再进行反击。明朝却恰恰相反，明朝开国，同样建立在一穷二白的烂摊子上，然而对于强大的敌人元王朝，明朝既不求和也不妥协，一边进行对外战争，一边着手恢复国民经济，两头都没有耽误。在朱元璋在位的三十年里，明军相继在西北、漠南，辽东地区多次重创元王朝，特别是蓝玉的捕鱼儿海之战，不但以十五万大军，在断水断粮的情况下深入到贝加尔湖地区，重创北元王朝主力，更令"元朝"这个政权实际不复存在——明军在此战中虽没有捉住北元太子，却缴获了元朝印信。

这以后，原本以"北元"身份存在的蒙古草原地区，分裂成了鞑靼、瓦剌、兀良哈三部，并相继接受了明王朝的册封，虽然与明朝时战时和，但相互之间的册封关系和朝贡关系却一直延续了下来，并最终被清王朝继承。这一切的实现，同样首先来自于军事上的成就——是铁血的大明军人打出来的。

火器的使用率达到百分之二十以上的明军

除了骄人的开国战争成就外，明军在军事装备和军事思想方面，也是相当卓越。

首先是火器的使用，明军堪称是从火药发明至鸦片战争前，中国历史上火器使用率最高的部队。早在朱元璋开国时期，明军就确立了"二分习火器"的传统，也就是一支明军中，火器的使用率要达到百分之二十以上，这个比率放在当时的地球上，可谓绝无仅有。在火器装备方面，明军也格外进步。明朝开国战争时期，明军骑兵之所以能重创元朝骑兵，一个重要原因就是明军的精锐骑兵中，相当多装备了当时的雏形火器——洪武手铳。这种能在战马上发射的火枪，成为了当时元朝骑兵的不二噩梦。

而从明朝建立以后，尝到火器甜头的明朝，也高度重视武器的革新和战术演变。

朱元璋统治末期，明朝平定云南的战役中，就率先由沐英使用了新型火枪射击战术——线形三段击，具体说来就是火枪手站成三排，第一排开火的时候后两排准备，第二排开火的时候第三排准备，如此循环射击，保证持久火力。火炮的技术也同样发展很快，朱元璋平定张士诚的战役中，大规模使用重型火炮襄阳炮攻城，这是人类最早的大规模管形火炮攻城实战。到了明成祖在位时，明朝不但有了人类历史上最早的全火器装备部队神机营，更有了先以火炮轰击，再以骑兵冲击，最后步兵巩固阵地

明朝火器——火蒺藜

明朝火器——三眼铳

的新型野战战术。欧洲采用同样的战术，还是到了18世纪的拿破仑时代。

尽管从15世纪中后期开始，明朝在诸多火器制作技术上被西方超越，但是在见识了西方火器的优势后，军事技术人员立刻奋起直追，面对每一种当时世界上新出现的火器，明朝都有极强的改装以及研发超越能力，比如明朝与葡萄牙海战时期，缴获的重型火炮佛郎机，明朝不仅通过研究迅速掌握了制造工艺，并且还开动脑筋，开发出了多个衍生品种，比如可以当火枪使用的小型佛郎机，可以发射散弹的中型佛郎机（大型火枪），可以做火炮用的重型佛郎机。而明末传入的具有爆破力的新型西方加农重炮，也被明朝以"红衣大炮"的方式改装，并在明清战争中发挥了重要效用。

海军方面，明朝同样成就骄人。郑和宝船的制作工艺，领先于当时的世界。明朝后期，西方殖民者侵扰东南沿海，葡萄牙、西班牙、荷兰这些在当时世界上的海军强国，都曾是明军的手下败将。当欧洲战船造访后，明朝迅速学习并赶超欧洲造船技术，明朝晚期的大福船，以及后来郑成功家族的新型鸟船，都曾是欧洲海军的噩梦。

如果翻检一下明朝的兵器库的话，我们更会惊讶地看到，几乎现代战争中所有的武器，在明朝都可以找到雏形。比如说坦克，在明朝就有了火器战车，并且从中期开始，以火器战车加步骑兵的协同作战模式，一直是明朝对抗游牧骑兵的杀器。又比如说机关枪，在明朝，多管火器已经大行其道，诸如五雷神机等火器，具有极强的连发效用。在明朝抗倭援朝战争中，明朝在战场上所用的子母铳，甚至有了十连发的速射功效，而明朝的火箭发射装置"一窝蜂"，也可以说是火箭炮的雏形。海战所用的火龙出水火箭，也可以说是舰对舰导弹的雏形。

明朝军队的辉煌与成就，不只是中国人自己的光荣，更是中国对于世界军事演变的贡献。

所以说，穿越到明朝当军人，对比于其他朝代，不但不逊色，相反是极其光荣的。鼎盛时期的明军，无论战果还是战斗力，都是一支堪与汉唐比肩的铁血雄师。

【入伍】

穿越到明朝去当兵

如果穿越回明朝当军人，做横刀立马的将军，自然是无比盼望的。然而要成为将军，在明朝也是不容易的。明朝将军的来源，早期主要有两种，一种是世袭的将军，也就是明朝开国名将的后人，靠着家族爵位的世袭一步到位。另一种就是草根出身的将军，也就是本身是个士兵，通过屡立战功，最终走向将军的高位。无论哪一种，都是不容易的。

最不容易的，自然是从小兵干起的那种。穿越成这一种，首先就要先从小兵干起。而要干好，就要首先了解明朝建国后的军事制度。明朝建国的军制，叫卫所制。按照官职等级的划分，最高军事机关叫"五军都督府"，也就是设中、左、右、前、后五个都督府，五个都督府不相统辖，分别管理京城以及各地的军队。地方各省的军事长官，叫做都指挥使，指挥使下面，就是基层军事单位卫所。卫所中的"卫"和"所"，其实是两级军事单位，卫的士兵总数为5600人，管辖五个所，每个所的人数在1120人。卫所的最大特点，一是军事保障自给自足，国家划拨给卫所土地，

称为军屯，军队除了操练之外，还要耕种土地维持生活。卫所的成员除了士兵外，还有士兵家属，称为"军户"，属于世袭当兵。划给军队的土地，则称为军屯。这种制度的好处，就是国家节约了大量的军费开支，而且可以保证维持数目庞大的常备军，军屯的生产更能增加国家财政收入，按照朱元璋的话说，就是"养兵百万，不费国家一粒钱粮"。第二，则是确保军队的绝对忠诚，卫所制度确立后，军队的权力也被拆分，五军都督府虽然是军队的最高机关，但是都督府对于军队只有管辖权而无调度权，统兵打仗调度军队，要有文官负责的兵部来执行，没有兵部的命令，调动百人以上军队就形同谋反。而一旦遭遇对外战争，明朝军队的集结，则是通过向各卫所调兵的方式，再给予统兵大将带兵权，称做专征，虽说打仗的时候在一块，但打完了仗后，参战的士兵，哪个卫所来的回哪个卫所去，相互间不相统属，比起唐朝同样性质的府兵制来，卫所对于士兵的控制力更强，既保证士兵的战斗力，也能杜绝将领培植私人势力。所以纵观整个明朝，军队始终保持着对中央集权的绝对拱卫，除了由藩王引发的"靖难之役"外，从未发生过地方军事长官脱离中央割据自立的事。而在这套制度下，明朝军队的总人数，也创造了中国封建社会的历史纪录——洪武年间在册的军队总数，多达一百八十万。

卫所制度下的一个士兵

　　如果你穿越成为卫所制度下的一个士兵，那么在明朝的户口本上，你的户口写的就是"军籍"，和普通老百姓是不一样的，普通老百姓的户口叫"民籍"，是归明朝"六部"

中的户部来管辖，而你则是由卫所所属的都督府来管辖。

如果你入了军籍，那你全家都是军籍，而且世代不能脱籍为民，可谓一人当兵，全家都是兵，而且代代都是兵。你的家属，就被称为军户；家里当兵的你，被称为正军；你的儿子，则被称为余丁。

如果正军在战斗中不幸牺牲了，那么这个名额就由这个家中的余丁

明朝士兵

来继承。如果说这个家庭所有的人都牺牲了的话，那么这个家庭的军户名额，就需要从这个家庭的籍贯所在地，重新找一户家庭来递补。

在待遇方面，军户家庭是有一些好处的，比如国家会划拨给军户家庭私田，由军属来耕种，并按照户部的赋税规定缴纳赋税，但家中当兵的"正军"，却要去耕种国家的土地——军田。军田产权属于部队，早期由士兵耕种，后期因为士兵逃亡过多，主要招纳流民耕种，需要缴纳规定的赋税，其实就是给国家当佃农，军田的收益，就是明朝早期军费开支的主要来源。

同时，军丁还需要负担戍守京城的任务，一旦被选中了，那么每年农忙过后，就要调度到京城守卫，路费要自理，而且要到第二年农忙开始前才能回来，可谓来回折腾。

作为一名普通士兵，在这个体制下的艰辛是很多的。首先是任务重，明朝卫所制规定，边境上百分之三十的军队用于作战，百分之七十的士兵用于种地。而在内地卫所，通常是百分之八十的士兵用于种地，百分之二十的士兵用于作战。虽然明朝早期设定了严格的军事训练和考核制度，定期就要抽调考核训练，还要给予赏罚，尤其是作战部队成员，通常都是考核中的优秀者。但是绝大多数的士兵，日常的主要工作还是种地，而且受的盘剥也是极重的。你家里的地，要按照民田的赋税缴税；你工作中种的地，要按照比民田高得多的税向部队缴税。另外还需要定期抽调服役，到京城值班。一旦遇到战事，如果你编入了作战部队，更需要按照命令开赴边境，执行保家卫国的使命。

随着明朝政治的日益腐败，卫所制也出现了大问题，其中直接的问题就是：军队的士兵和土地大量流失，被划为私产。

士兵的流失，主要有几个原因，一是土地兼并。大量本来属于军户的私田，被豪强地主以及军队将领用各种名目私吞，军户没了地，却还要承担国家的赋税，最后没办法只能跑路。即使是正军所负担耕种的军田，也容易被当地军事将官吞并，原本给国家当佃户的士兵，变成了给将领家当佃户。所以，发展到明朝中后期，士兵的地位更加低下。在明朝初期的时候，擅自调动一百名士兵就形同谋反，可到了中后期，士兵们经常被调动给达官贵人家里干私活。没有了土地经济的保障，士兵人员也严重缺编，经常是账册上有数目庞大的士兵数量，仔细一查对却完全不是这么回事，而且仅有的士兵，也经常是一些老弱残兵。如此一来，曾经横扫天下的大明军队，就变得越来越不给力了。

明朝军队战斗力的退化，从中期开始局面就非常严重。比如"土木堡之变"后，名将郭登临危受命，担任边防重镇大同的总兵。到任后才发现，按照账册，大同原本应该有兵马八万多，实际却只有一万多。边防重地尚且如此，其他地区可想而知。嘉靖年间，蒙古鞑靼部可汗阿勒坦发动庚戌

之变，率军打到北京城下，当时号称明朝最精锐的十二团营，却多是些老弱残兵，根本不敢迎战，逼得明王朝无法，只得假装媾和拖时间，等着各地增援部队赶来了，这才把阿勒坦逼退。

　　卫所制的另一大问题，就是它的制度僵化。在这套制度下，将领的后代永远是将领，士兵的后代永远是士兵，当兵的种地、打粮或者修墙、铺路，基本上很难有出头之日，除非是在战场上立了大功。可是，上战场的机会并不多。卫所里的士兵，进入作战部队的几率，在边境是百分之三十，在内地是百分之二十。即使进了作战部队，立功机会也同样是很难得的。如此一来，士兵自然没积极性。随着明王朝的演进，越发失去保障且没有积极性的明军，战斗力直线下降。

募兵制下的士兵容易出名将

　　所以如果穿越到明朝，成了一个普通士兵，在卫所制的体制下，出头最终成为名将，一般都是很难的。相对而言，容易出头的，却是在明朝中后期的一种新制度下——募兵制。

　　和中国历代封建王朝一样，每当国家传统军事制度走向衰落的时候，新的军事制度就会产生，并且地位渐重。对比唐宋各朝，明朝的募兵制有其自己的特点。
　　募兵制形成了以将领个人威权为核心的军队，但没有任何一位建功立业的将领，可以威胁到国家的威权，这点和唐朝藩镇割据时代的骄兵悍将是不一样的。明朝封建体制的成熟之处正在于它可以通过有效的监管，对募兵施行监督，既确保军队打胜仗，又确保军队的忠诚。

明朝的募兵制度，从建国早期就有。比如明朝洪武年间，就有地方卫所招募民壮，用于边境防御；明朝正统景泰年间的土木堡之变以及之后的北京保卫战中，明王朝也多次以国家名义招募壮丁，参加对瓦剌部的作战。然而那时候的募兵，还处于附属阶段，一般都是招来了打仗，打完仗领钱回家，并非明朝常备的军事制度。募兵真正以法律形式固定下来，是在明朝弘治（1488—1505）年间，弘治二年（1489），明孝宗颁布了《金民壮》法，规定各省必须要从民户中抽调精壮百姓为民壮，这些人平时训练，战时若有需要参加战斗，作战经费由朝廷划拨，立功有赏。严格意义上说，民壮和募兵还是不一样的，民壮是一种民兵组织，其成员身份，也只是临时壮丁，而非正式国家军队。然而，这个法令的颁布，却为明朝中后期大规模募兵奠定了基础——募兵的选择范围，主要就是以当地民壮为基础。

相比于民壮的民兵身份，募兵的成本显然要高得多，一旦招募为兵，就要按月发军饷。而在这之前的朝代，募兵之所以容易造成悍将割据，主要由于募兵是由将领主持，选进来的兵，自然就成了将领自己的兵，日久天长，这支招募来的部队，就成了将领自己的军队，等于是拿着国家的钱，养了自己的兵。这种傻事明朝显然是不干的，从头到尾，明朝募兵有一套严格的审判程序，地方官是没有权力私自募兵的，每招募一支新军队，都需要朝廷批准，并且由朝廷派专人主持。这支军队成立后，其监管也是相当严格的，虽然部队由武将带，但上头有文官统帅，部队里也有监军督查，彼此互相制约。因此再强悍的部队，也无法割据自立。

对于士兵来说，募兵的好处，自然要好过卫所制。首

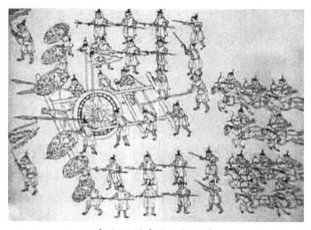

俞大猷创建的独轮兵车

先是利益保障。要让士兵打仗，就要真金白银的给钱。第二是升官机会多多。虽然少不了腐败，但要想升官，就需要有实打实的军功，一个数据就可以佐证，在明朝中期之前，明朝有名的军事将领，特别是武将，绝大多数都是世袭官X代出身，由中下级军官升上来的少之又少，士兵出身的则更少。而募兵制下，由士兵出身，最终成为大将的，却绝不是个例。比如抗倭名将邓子龙，就是以平民身份应募，在节节立功中，最终成为一代名将的。

　　虽说募兵升迁的机会大，但也要看是谁的兵。虽然明朝募兵管理严格，但军队要想打胜仗，关键还要看将领，所以跟对人就显得尤其重要。明朝带有募兵性质的军队，通常会被外人以将领姓氏代称，称为"×家军"。以嘉靖年间为例，北方大同总兵马芳的军队，被称为"马家军"，南方抗倭名将戚继光和俞大猷的军队，被称为"戚家军"和"俞家军"，而辽东李成梁的军队，则被称为"李家军"。这几支部队，都是明朝募兵制下的模范军队，如果真穿越到这几支部队里，哪怕是个普通小兵，只要好好打仗并且能幸运活下来，横刀立马当将军的可能是很大的。

放在募兵制度下的具体部队中，作为一个普通士兵，出头的机会，既比卫所制下简单得多，也要大得多，只要是刻苦训练，奋勇作战，就有机会出人头地。而放在名将统帅的募兵制军队中，士兵要想熬成将军，首先要成为一类人——家兵。

　　所谓家兵，就是一支募兵制军队中，带兵将领亲自挑选军队中的精壮，组成的贴身嫡系将领卫队。家兵的人数通常不多，但作用却极其重要，而且升迁的机会也比普通士兵大得多。通常被选为家兵的士兵，都是将领绝对看重信任，并且引以为心腹者，因此表现好的家兵，不但有可能升官，还有可能被将领引以为接班人。

　　比如嘉靖时期的大同守将马芳，他就有一支百人的家兵部队，这支部队除了在作战中担负他的护卫任务外，还担负着战前侦查、警戒等任务。辽东总兵李成梁，也组建了他的李府家兵，并且在他退休后，由他的儿子李如松继承，万历抗倭援朝战争的碧蹄馆之战中，李如松遭到倭寇数倍于自己的军队围困，关键时刻正是李府家兵们奋勇作战，保护着李如松成功杀出重围。一旦成为家兵，不但有极高的待遇，还有额外收入。比如李成梁的家兵，拿着高工资不说，辽东屯垦的土地，也被李成梁按照人头，分配给他们，几乎每一个家兵，都是良田一片的大地主。

　　但是，有时候太高的赏赐反而起到反作用。还是以李成梁家族为例，到了万历晚期，这支昔日横扫天下的辽东铁骑腐化不堪，在努尔哈赤崛起辽东后，很快被打得稀里哗啦。

　　相比之下，在募兵制的制度上，贡献最大的是明朝名将戚继光。相比于明朝其他将领的募兵，戚继光最大的不同点是：其他的将领都是靠其个人的威信恩典，来维持整个军队的战斗力。戚继光却认定，制度比人更靠谱。他所打造的戚家军，是一支无论他在与不在都能依靠严格的制度，坚决地去执行任务的，且自始至终保持高昂的士气，决死的勇气，顽强的斗志。这一点，他做到了。戚家军的特点：首先是条令格外严格。如果穿越

戚继光像

进了戚家军，从做士兵角度说，也许是最苦逼的，因为其训练内容极其细化，比如练武艺，在训练基本的格斗技术时，都是俩人一组拿着木制兵器对练。你被人家打趴下了，不但要扣工资，还要被惩罚加练；反之，你如果打趴下了对手，则会涨工资。涨完工资后，会安排更厉害的战友和你对练，如果不幸被打趴下，照样扣工资。另外诸如骑马、射箭等各种军事技能，每天有严格的训练，按月有严格的考核。

戚家军士兵的基本月薪，大约是五两白银，不算高，但如果训练表现好，所得的奖励远远超过工资，当然，如果你日常训练表现不好，那更可能连个零头都拿不到。

除了训练艰苦外，戚家军更要命的是它的惩罚制度严格。戚继光的惩罚方式，除了犯下罪大恶极的罪过要杀头外，其他的惩罚，主要就是罚款和打板子。比如戚家军规定，不许在军中赌博，不许奸淫掳掠，不许泄露机密，违反这些规定的要处以严厉的惩罚。作战的时候，听到号令不敢前进的，要受罚；没接到命令就擅自冲锋的，就算立了功也照样要受罚。当然也有比较宽容的一面，如果士兵是犯的小错，而且又是初犯，可以免于处罚，但一旦再犯，就要加重处罚。不过有五项过错，就算是初犯，也绝对要重罚的——赌博、奸盗、泄密、杀人、谋反。一个纪律不好的士兵，如果放在戚家军中，就算没死在战场上，罚也能被罚死。

当然，为了士兵不被罚死，在选兵上，戚继光也有严格的规矩，有可能被罚死的士兵，在选拔的环节里，大多都被淘汰了。他选择当兵的要求很严，在衙门里做过事的人不要，性格暴躁的不要，相貌油滑的不要。甚至有城市户口的，在城里打过工的也统统不要。戚家军招人的时候最容易面试通过的，是那些性格憨厚、身体强壮的农民。所以如果穿越到明朝，想要入选戚家军，这些条件一定要牢记。

当然，仅靠严格的惩罚，是不足以让戚家军横扫天下的，其实仔细研究一下戚家军的制度就会发现，只要好好干，在戚家军里不但发财容易，升官也是大有希望的。

戚家军最被后人称道的，就是他的奖励制度。奖金最丰厚的奖励项目，就是每年正月、四月、七月、十月的初二的大比武，也就是所有的士兵在每年的这四天里，接受军事技能的考核，根据考核的成绩排出名次，差的扣钱，好的奖励。如果你能在考核中表现突出，不但可以拿到大笔的奖金，而且还能成为军官的培养对象。在这个全军大比武的过程中，考核排名第一的士兵，会拿到五百两白银的奖金。如果一个士兵，在每年的四次考核中全都拿到第一，那么获得"大满贯"的他，总奖金高达两千两。考试考得好，在戚家军里混成百万富翁绝不是神话。

当然戚家军更注重的是士兵打仗时勇猛激励。打仗的时候，如果你杀死一个敌人，奖励三十两白银。如果作战的时候，在冲锋命令下达后你勇敢向前，也可以获得十两白银的奖励。另外每次打完仗后，缴获的战利品，也都折合成白银由士兵们平分，只要打胜仗多，奖金也就多。

惩罚严格的戚家军，发财机会多多，升官的机会也同样多。戚继光是极重视在士兵中提拔将领的。每次战斗后，他们都要把作战勇敢的士兵统计在册，只要能够持续表现良好，很快就能获得升迁。看看明朝中后期的将领名单就可以看到，万历年间的武将，由士兵身份成为将军的人，戚家军出身的占了很高比例。比如抗倭名将吴惟忠就是此例。

严明的军纪，公平的赏罚，严格的管理，正是戚家军强大的原因。另外还有一条，就是坚定的信仰。

戚继光极其重视思想教育，不但把忠君思想编成文盲都能听得懂的歌谣，在军营里传唱，还在每支部队中设立战旗，战旗上绘有不同内容的图腾，作为军队的标志，把忠君的思想，渗透进士兵的骨髓。他的这些带兵奥妙，都写入了他自己的军事著作《练兵纪实》中，晚清军事家曾国藩等人练兵时，从中受益颇深。

在明朝当时，这套新的军事制度也产生了巨大的效用，嘉靖后的隆庆、万历两代，由于张居正改革实现了国家的富庶，明朝有了更多的资金来进行募兵，同时考成法的推行，提高了官场效率遏制了贪污腐败，因此明军的武备也为之一振，因而也有了著名的"万历三大征"时代，明军可以获得全线大捷的战果。

在尝到募兵的甜头后，从明朝嘉靖年间开始，募兵的比重越来越大，传统卫所制下的士兵，越来越多地被弃之不用，尤其是北方边防重镇，基本都用募兵来镇守。虽然明朝有严格的监管体制，有效地杜绝了募兵制可能造成的将领专权，但另一个问题又浮出水面：募兵的效果打了折扣，监管过多，所选士兵的质量也就下降，除非是遇上戚继光、俞大猷这样的名将，否则那可以说是浪费钱粮。

晚明面临辽东后金和农民军起义的重大压力，募兵的比重也大为增加，可也经常出现这样的笑话，经常是士兵招募起来，拿了赏钱后立刻一哄而散，等于是被白坑钱。这种现象的出现，与明朝政治体制的清明程度息息相关，如果遇到政治严重腐败，效率极其低下的情况，募兵的结果也基本是无用功的。因为募兵由中央派员主持，如果派来主持的是庸才，自然招不到好

《抗倭交战图》 明·佚名

兵；募兵的钱是由国家发放，如果摊上层层克扣，最后士兵拿到手里的所剩无几，当然没人买账。即使赏钱丰厚，如果执行募兵工作的人收黑钱，招进来的全是酒囊饭袋，那花了钱等于去送死。而更大的隐患是，募兵越来越多，军费开支越来越大，等到国家经济难以承受的时候，必然破产完蛋。

明朝晚期，国家军费开支每年高达近五百万两，即使如此，军饷还经常拖欠，就算是辽东这种身负抗击后金重任的前线，军饷也不能保证按时发放，其他地方自不用说。拿不到工资的士兵，在求告无门的情况下，也只能干一件事——造反，最终使明王朝灭亡的李自成起义，其百万起义军中，相当一大部分都是原明朝军队的士兵，好多都是因为拿不到工资走上了造反的道路。而且随着明朝募兵越来越多，许多募兵的军种，不仅没有起到应有的效用，反而成了财政负担。晚明也曾多次裁减军队，减轻负

担，但裁减的结果，是把这些士兵，在生计无着的情况下逼上了造反的道路。亲手把明朝送上死路的李自成，其本人就是被裁撤的驿卒。明朝最后的灭亡，或者可以这么说：是被本来担负保卫它的军人反水，最终送上了绝路。

莫笑书生空议论

明朝的文官带兵

在后世的历史评论家眼里，明朝军事制度，还有一个被人诟病极多的问题——文官带兵。

这个问题，通常出现在明朝中后期。而这也和明朝的军事制度有关。明朝出兵打仗，施行的是"专征"制度，特别是在卫所制度稳固的中前期，都是由各卫所出兵，组成军队，然后再由德高望重的大将挂帅出征。

这种"专征"制度的弊病，自然就是兵不识将，将不识兵，除非将领本人极其厉害，否则军队的凝聚力和战斗力必然受损。明朝开国早期，承担"专征"职责的，多是些功勋卓著的功臣，比如徐达、李文忠、蓝玉等人，这些人有实力有威望，三军自然服气，打起仗来更是捷报频传。

明

但这套制度的漏洞，到了朱元璋死后不久的"靖难之役"里就暴露无遗。当燕王朱棣扯旗叛乱后，拥有全国军事力量的建文帝朱允炆，三次调动百万大军北上，围歼只有十数万人马的朱棣时，因为建文帝朱允炆采取的就是"专征"制度，他选择的人选是毫无军事经验的李景隆，结果明军大败亏输，近百万人被只有十多万人的朱棣打得全军覆没，最后连皇位都被朱棣夺了去。

朱棣登基后改年号为永乐，作为一个马上皇帝，他登基后第一次对北方蒙古的征伐，就被敲了当头一棒。当时他给予淇国公邱福"专征"大权，命他统兵十万征讨鞑靼，结果邱福轻敌冒进，全军覆没。后来的五次北征，吃了亏的永乐皇帝不敢再委以他人，全是自己亲力亲为，五次北征草原的壮举，成就了他"马上皇帝"的赫赫荣光，却也给他的儿孙"挖了坑"。他的重孙子明英宗也学他的模样亲自"专征"，结果没征赢不说，自己反而被敌人瓦剌给"蒸"了——土木堡五十万大军全军覆没，"专征"的明英宗本人也当了俘虏。

从上面的例子可以看出，"专征"这种模式，对于明朝来说是把双刃剑。专征军队的组建，就是以从各处调兵的方式完成，军队的团队凝聚力肯定会受影响，这就需要承担命令的将领拥有卓越的素质，可一旦给予将领的事权过大，就会造成专权，让中央政府难以控制。所以既要放权，也要节制权力，就成了这个模式最需要做的事情。终整个明朝，历代皇帝在军事指挥权方面动脑筋最多的，也是这个事情。早期朱棣的方式，就是既然信不过别人，那就皇上自己来，但有了土木堡之败的教训后，自己来显然是不可能了，要解决问题，还是需要从制度上想办法。

自从土木堡之变以后，明王朝在这个问题上想了很多办法，但从整个明朝中前期来看，除了皇帝御驾亲征的那几次外，通常承担"专征"任务的，都是具有公侯爵位身份的武将们，也就是说，如果你穿越到中前期的明朝，想成

《明军大帐图》，此图描绘了明军于万历年间出师朝鲜，协抗日本进犯。图示明军统帅为文官，武官旁坐

为统帅千军万马的大元帅，那么除了穿越成皇帝本人外，最好就穿越成有世袭爵位的公爵。可是，如果我们看看明朝中后期的历史的话，却发现又不一样，担任"专征"统帅的，越来越多是文臣，到了最后，最高军事主官，几乎都是清一色的文臣。以强悍武功开国的明王朝，怎么又回到宋朝"以文制武"的轨道了呢？

这个转变，还是要从明朝军事制度的演变说起，明朝开国政治制度的特点就是分权，放在中央，就是统兵权和调兵权分开，放在地方上，就是地方兵权和行政权分开。可是随着历史的演进，这套分权制度的弊病也越来越多，特别是地方上，由于事权不统一，真出了事互相扯皮，结果事情办砸了，扯皮还没完。

为了不扯皮，从明朝第三任皇帝明成祖开始，明王朝就着手统一事权，在省里设巡抚，管辖兵马、民事、司法大权，然后又设负有管辖多省权限的总督。这两个职务，主要就是统一兵权，而这两个职务，都是由中央文官兼职的临时性职务，巡抚是由中央副部级（侍郎）文官兼职，总督是由中央部级（尚书）级别官员兼职。也就是说，地方的军权，随着这两个职务的设置，开始由文官来执行。

之所以会做出这个选择，原因是很多的。

第一个原因，就是明朝各类政治力量的此消彼长，明初尤其是朱元璋时代，武将集团的话语权极高，开国六公爵，五个都是武将（李善长除外），可随着明朝政治稳定，国家转入和平建设时期，武将的作用日益下降，地位也就随之下降。更重要的因素是文官随着科举制度的发展，力量迅速壮大。而从明朝中期开始，武将的选拔，也有了以武举为代表的科举途径，而武科举不止考武艺，真正决定中榜的是策论环节，也就是要考上，必须也要熟悉兵法战策。考评权主要由兵部文官来执行，这样一来，武科举出身的武将选拔权，其实也落在文官手里。此外，明朝兵部的权限也逐渐扩大，明初的兵部，和五军都督府之间是相互牵制的，但随着卫所制度的破坏，构架在卫所制度上的五军都督府，也日益虚化了，而兵部的权力却日益强化，特别是随着募兵制的推行，军队的供给，由原先依托卫所制度自给，变成了文官政府财政拨款，如此一来，文官集团对军队的话语权，自然也无比强大。而那些拥有世袭公爵的武将们，随着老一代的故去，下一代的能力，大多很难和上一代相比。也就是说，明朝建立后，文官的力量一直是壮大的，传统公爵武将的力量，却是一直弱化的，到了明朝中期以后，随着卫所制度的破坏，明朝逐渐开始用大规模的募兵制度来取代卫所制，由于募兵的统辖带兵，主要由武将来负责，为了制衡武将，势必也要提升文官的权力，用文官来制约武将。于是以文制武的体制，就这样形成了。

第二个原因是最重要的一个原因，就是帝王本人的抉择。对于帝王来说，文官固然讨厌，但是文官集团悠久的传统和其自身特点，决定了受儒家思想出身的文官，最多只是皇权的制衡者而不是挑战者，但武将则不然，骄兵悍将在历代都是皇权大忌，从国家稳定和皇权安全性来说，

文官是执行兵权的最好选择。明朝的军事制度，在绕了一个大弯后，最终还是走上了以文制武的轨道。与其说是明朝的弊病，不如说是历史发展的必然。

然而即使对于文官本人带兵，明朝也并非完全放心，相反是有一套监督体制的。

"总兵"这个职务，是明朝中后期以后大多数纯粹的职业武将在军事生涯里所能做到的最高官职（五军都督府大都督，在明朝中后期成了虚职），而它的地位以及权限，在整个明朝也是经历了一番变化的。

明朝最早的总兵，设于洪武二年（1369），但在当时，这只是一个临时性官职，并没有品级，主要是给予担负"专征"任务的元帅的。它真正开始以正式官职的名义确立下来，是在明朝永乐年间，明成祖命何福佩将军印，充总兵官，从此，总兵一职，才以地方最高镇守长官的名义确立下来。总兵的特点是常驻地方，并且拥有地方军队的管辖权节制权，这样做的好处在于事权统一，可以提高边军的战斗力。

但为了防止总兵权力过大，明朝在任命总兵的时候，又在总兵之上设立巡抚，用以节制总兵权力。而且随着宦官集团力量的上涨，明朝在各地又开始设立镇守太监，由宦官监军，将文官武将都监视。这样，明朝的地方兵权，就形成了宦官—文官—武将相互制约的模式，如果有重大军事行动的话，在三者之上，明朝才委派由更高级别文官出任的总督经略，用以统一事权。所以说明朝的军制，宦官当家或者武将当家，甚至文官当家都不恰当，这是一个三位一体的模式。

这个三位一体的模式，究竟效果怎么样。从事实上看，要想这个模式发挥最大效用，重要因素有两个，一是这个模式必须独立运转，在相互平衡中发挥最大效能，切忌外来因素干扰，而造成内部事权不一。即打仗的时候，这个体系既要权责明确，每一个人该干啥干啥，更要有军事自主权，不能听凭体系外的人瞎指挥。二是委任统帅这个三位一体模式的人，即总督（包括经略、督师），必须是富有权谋手段，善于调和矛盾，并具有卓越军事才能的干才。放在官场上，这种人显然是打着灯笼也难找。但真放在明朝实际的历史上，我们却不难看到，这样的人真不少。

明朝文官中，第一个以文官身份，承担实际"专征"责任的，当属北京保卫战时的兵部尚书于谦，而这场战斗的结果，也是明朝赢得了战争的胜利，并以胜利迫使瓦剌放归了明英宗。

于谦之所以会在明英宗复辟后被害，一个很重要的因素，就是他开罪于北京保卫战时的战友——忠国公石亨。两人的交恶除了私人恩怨外，一个公事上的原因，就是于谦执著推行"以文制武"的理念，开始在边地大规模派遣文官巡抚治军。

但于谦的死，却没有阻止这个潮流。到二十年后的成化年间，明朝发动对河套鞑靼部落的大规模进攻，最早担任"专征"任务的，都是诸如公爵朱永这样的职业军人，然而几次出征，却最终劳而无功，真正为明朝完成目标的，却是一位真正的文官——三边总制王越。

王越在成化年间两次发动战役，取得"咸宁海子大捷"，因功被封为咸宁伯。弘治年间，一样是他总制三边，取得击败蒙古达延可汗的贺兰山大捷。以至于蒙古骑兵看到他的战旗，竟会吓得望风而逃。虽然王越本人因为与宦官汪直交好，晚年又结好宦官李广，以至名声受损郁郁而终。但如他这样文官统兵的模式，之后却越来越多。

王越之后接任三边总制的，是同样以军事才能著称的文臣杨一清；到了嘉靖早期，在北方战线上对蒙古作战战功最卓越的，也同样是总制三边的文臣曾铣。而在东南的抗倭战争中，虽然后人津津乐道戚继光、俞大猷等人的卓越

袁崇焕像

战功，但成功驾驭他们，并赢得战争胜利的，却是先后担任浙直总督的胡宗宪与谭纶，尤其是谭纶，他不仅是戚继光的老上级，更是戚继光的亲密战友，在嘉靖、隆庆年间，世人说到戚继光的战功，总是以"谭戚"并称。到了"万历三大征"时期，为明朝平定播州的，是文官梁梦龙；为明朝最终鼎定抗倭援朝战争胜利的，是文官邢阶；即使是被后人诟病颇多的明朝与后金战争

里，给予后金重创的方面大将，同样也多文官。虽然有杨镐、袁应泰、王化贞这类败事文官，但是修筑宁锦防线的，是文官孙承宗；一度给予努尔哈赤重创，扭转辽东局势的，是文官熊廷弼；而在宁远之战中首挫努尔哈赤，宁锦大战再败皇太极的，是文官袁崇焕；而在同时开打的明朝镇压农民军战场上，给予李自成等农民军最惨重失败的，诸如洪承畴、孙传庭、卢象升等大将，同样都是文官。

　　从这些人的例子中我们可以看到，虽然同是文官带兵，但是明朝文官带兵的效用，以及带兵文官的整体素质，比起北宋来显然是高得多的，至少，要担当统兵大帅，在明朝并非是仅会写几篇文章就能办到的，事实正是如此，在文官带兵的模式确立后，对于带兵文官的选择，明朝不但有谨慎的抉择，更有一套完整的培养过程。如果你穿越到明朝成为一个文官，并且渴望建功沙场，也必然要经过一番历练。

从几个明朝著名带兵文官的成长履历上我们可以看到，要成为一个最终横扫沙场的统帅，在文官生涯中，你至少要经过这样几个历练，首先是要有军事基础，特别是在进入文官体系之前，要经历军事素质上的培养。

比如指挥了北京保卫战的于谦，在还是一个童生的时候，就格外喜欢读兵书，不但读更爱写读书笔记。文武双全的一代大儒王阳明，从小不但熟读兵法，更勤练武艺。他在后来平定宁王叛乱后，因为功劳在外，遭到了京军那群职业武将挑衅，非要拉他比射箭，结果王阳明二话不说，当场弯弓搭箭，连发三箭全中靶心，一举压服四众。

王阳明像　清·焦秉贞

然后富有军事素质的你，在进入官场体系之后，也要在相关的军事单位里，历经军事实战的检验。翻翻明朝知名文官统帅的履历，我们不难发现，在成为名将之前，他们实际上已久经考验。

比如王越，做三边总制之前，他做过两个重要的职务，一是陕西御史，即在陕西边境督查军务工作，正是这段工作经历，使他对于战争的真相，有了切身的体会。后来他在回忆录《襄敏集》里说，在陕西做御史前，对于军务只是想象，在那里工作过之后，才知道怎样打胜仗。而在朱永受命"专征"时，他也以"襄赞军务"的身份从军，也就是给朱永做参谋长，亲身出谋划策，并亲历战争，正是这常年的锤炼，最终使他走向成熟，拥有独当一面的能力。他这样的经历，在明朝官场上绝非误打误撞。

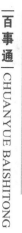
事实上，明朝的整个官僚体系中，对于军事文官的培养，都有一套自然的培训体系，一个最终成为名将的人，背后其实有无数场刻意安排的考验。对比其他人看看就知道了。

弘治年间统兵两广、平定叛乱的刘大夏，虽然做御史的时间短，但他之前却在明朝兵部职方司干了整整十年。所谓职方司，按照现在的话说就是

谭纶像

"总参谋部"，负责全国军事的战略筹谋。他丰富的军事经验和对战争的认识，就是在这个看似清水的衙门里造就的。

嘉靖年间和戚继光齐名、建立平定倭寇伟业的谭纶，在中进士的第五年，就被任命为南京兵部郎中，在这个任上，由于他受命募兵，抗倭有功，因此被调任台州知府，负责台州抗倭的募兵抗倭工作，与戚继光、俞大猷等人密切配合，多次重创倭寇，因此又升任为负责福建军务的福建巡抚；福建抗倭胜利后，又调任两广总督，负责清剿两广倭寇；倭寇彻底肃清后，又调任蓟辽总督，负责抗击北方土蛮部落入侵。可以说哪里有仗打，他就升官到哪里，每一步升官路，都是无数场刀光血影的实战打出来的。以至于《明史》统计说，谭纶不但是武功卓越的文官，更是战场上亲手杀人最多的，他本人武功高强，亲手手刃敌人的数目多达三十人。这样的文官统军，就算是戚继光这种级别的武将，也是绝对服气的。

被破坏的文官带兵体系

　　明朝自从文官带兵以来，以他们这种成熟的培养体制，造就了大批战功卓越的文官。但是明朝最终的灭亡，也和这种培养体制被破坏大有关系。万历中后期开始，明朝党争越演越烈，这种争斗也涉及文官带兵层面，党争的参与者都知道，哪个派系的人担负了军事大权，哪个派系话语权就越大。

　　如此一来，许多军事才能卓越的文官，其实就成了党争的牺牲品，典型如万历晚期担任辽东经略的熊廷弼。在努尔哈赤崛起，辽东明军节节败退的危急局势下，熊廷弼临危受命，很快为明军稳住了战局。可就在局面刚有转机时，万历皇帝驾崩，朝中话语权最大的派系，就是大名鼎鼎的东林党，可偏巧战功卓越的熊廷弼是楚党，如此一来，熊廷弼备受攻击，黯然去职，接替他的，是以清廉著称、军事常识却堪称白痴的袁应泰。结果不到一年，辽东局面逆转，重镇沈阳沦陷，并成了后金的都城盛京。而后熊廷弼虽然再度复职，却依然受

熊廷弼像

到东林党掣肘，名为辽东经略，其实毫无实权成了摆设。最终随着辽阳沦陷，他成了魏忠贤阉党争权的牺牲品，被魏忠贤罗织罪名杀害，并借机大肆捕杀东林党。

正是这种已经严重扭曲的党争，才使得晚明大批毫无军事才能的文官，靠着派系的佑护执掌军事方面的大权，并很快丢盔弃甲。

明朝这种文官带兵体系，在晚明遭到的另一个重创，就是文官带兵本身这个"三位一体"模式的破坏，这个相互制衡的体系，在打仗的时候，是一个自身独立的系统，必须保证独立的运转，才能发挥最大效用。这一点连三十年不上朝的明神宗都明白，明神宗一辈子干了很多荒唐事，但唯独没干过的，就是干涉前线军事主官的自主权。

明神宗执政时期的几位名将，包括打抗倭援朝战争的李如松，平定扯立克叛乱的郑洛，甚至经略辽东的熊廷弼，在统兵打仗期间，遭受的非议都颇多，每一个作战计划甚至每一场战斗，都会招来外界铺天口水。而明神宗的做法却是力挺，不管外人怎么说，只要认定的将领，就给予百分百支持。比如对熊廷弼，外界骂熊廷弼的奏折，他都留中不发，而熊廷弼更被授予密折专奏权，他的每一份奏报，素来以懒惰著称的明神宗，都亲自批阅并回复。正是这种推心置腹的信任，才成就了这些将领的成功。

万历之前，明朝历次战争虽然也多是文官带兵，各部门相互掣肘，但在相互制约中，通过给予"专征"文官统一的事权，还能保证权责统一。而到了晚明，这种指挥方式的权力分配本身，也遭受影响，在重大战争中，经常碰到自己军队到底谁说了算的问题，熊廷弼的悲剧就是其中之一，身为辽东经略，却毫无实权，听凭巡抚王化贞瞎搞，最终葬送战局，并一起陪绑。

孙承宗像

　　等到崇祯灭了魏忠贤后，这种局面不但没有改变，反而越演越烈。猜忌心极重的崇祯根本不相信任何人，在战争中，他不会给任何人绝对统一的事权，反而听凭下属臣子相互争斗夺权。正是这种猜忌，令明朝军队在战场上付出了惨重代价。比如清朝修的《明史》中公认的第一抗清名将孙承宗，《明史》认为，如果明朝绝对信任孙承宗，也许他不能恢复辽东，但守住明朝现有国土是绝对没有问题的，这是一个来自敌人的至高评价。可得到至高评价的孙承宗，并未得到至高的信任，他接替袁崇焕回任辽东经略后，立刻碰上了后金皇太极发动的大凌河之战，此战中后金军以重兵围困大凌河，危急局面下，孙承宗决心救援，然而当时他的精锐部队，都被崇祯调入了关内。他的直接下属辽东巡抚邱禾嘉，仗着崇祯的宠信不服调度，甚至在作战方略上和孙承宗顶牛。眼看后金已经把大凌河围得像铁桶一般，救援的最佳时机早就错过，辽东的第一和第二号军事首脑，却还在为救还是不救扯皮，最终大凌河沦陷，孙承宗丢官。明朝，也因此失去了最富经略的辽东统帅。

　　而这样的悲剧也不止一例。崇祯年间以重创农民军而著称的卢象升，在皇太极率清军围北京时受命救援，被

任命统帅全国援军，可他又开罪于宦官高起潜。结果，高起潜暗中使坏，处处掣肘搞鬼，而打了败仗的黑锅却由卢象升背。他名为统帅，却只能统帅五千人驻守巨鹿。清军攻打巨鹿时，他率领五千孤军浴血奋战，最终壮烈殉国。而在他的身边，数万明朝精锐部队在高起潜的指挥下按兵不动，眼睁睁地看着统帅殉难。他的死，不但让明朝失去了一位卓越的军事家，更让明朝的大对头李自成，少了最恐惧的克星。

按照明朝"三位一体"的指挥模式，身为统帅的卢象升应该有绝对的实权，这种悲剧本不该发生。然而在崇祯年间，这种悲剧先发生在他身上，后来又发生在另一位名将孙传庭身上，最后又发生在宁锦之战的洪承畴身上。三位最卓越的文官统帅，两个殉难一个投降清朝，明朝最后挽救灭亡的机会就这样丧失。直接制造了悲剧的崇祯，也最终随着北京城破，在煤山上了结了自己苦命而困惑的一生。

伍

世 态 万 千

    我们说过了穿越回明朝的诸多选项,比如做皇帝,做大臣,做将军,做妃子,然而无论做什么,我们都需要明确一件事情:我们所穿越回去的明朝,究竟是一个什么样的时代。

    穿越回一个朝代,我们的目的,就是享受在这个时代的感觉,这个感觉包括两部分,一个是在这个时代出人头地的感觉,另一个,就是在这个时代享受生活的感觉。前者我们在前面四章里说了很多。后者,则是我们这一章的内容。

    在享受生活方面,明朝也是有自己独特的魅力的。明朝是中国封建社会中,文化高度繁荣发达的朝代。这样的一个时代,社会生活也自然是丰富多彩的,即使我们穿越过去未必建功立业,作为一个普通人,我们也不难找到这个时代独有的生活乐趣。无论我们处于哪一个行业,扮演什么样的角色,在这个时代,我们定然也会有独特的体会。

衣食住行都是学问

穿衣吃饭都讲究等级

如果仅看朱元璋开国时期创立的明朝社会体制，以及那个体制下老百姓的生活，我们恐怕很难把明朝同"丰富多彩"四个字联系在一起。因为朱元璋所创造的社会体制，是一个等级森严、条令严苛、管理严格、简朴刻板的世界，打个比方说，就好比是一个规矩严格、秩序分明的传统农庄。

说到明朝这个"农庄"的规矩，那更是名目繁多，衣食住行，样样都有严格的条令，违规的代价则是惨重的，稍微不留神，就很可能是牢狱之灾。

就以穿衣服来说，明朝初期，特别是朱元璋统治时代，是一个穿错衣服后果很严重的时期。明朝社会阶层的

《武陵春图》　明·吴伟
武陵春是江南名妓

划分，不同等级的人群，都有各自穿衣服的规定，一旦穿错，就等于是"僭越"大罪，将被处以重刑。

犯罪的后果很严重，但要想不在穿衣服问题上犯罪，却也是相当辛苦的，尤其是如果我们以现代人身份穿越到明朝，想要不栽在这条上更是困难。一是要考验自己的背书能力。明朝穿衣服的规矩极其繁琐，从发型到服装无所不包，比如束头，全国的成年男性都要束发；官员要戴乌纱帽，穿圆领袍，着黑靴；士子百姓要戴四带巾，穿杂色盘领衣，不得穿玄黄颜色；教坊司乐工要戴青色顶巾，系红绿帛带。女性方面，普通老百姓的妻子，可以允许戴银质首饰并在上面镀金，耳环可以戴黄金耳环并佩珍珠，镯子则必须佩戴银镯子。乐妓要戴银角冠，绝不能和老百姓的妻子穿一样的衣服。

上面的这些规定，只是衣着服饰规定的笼统内容，具体到穿衣的面料、样式、尺寸、颜色上，却更是条令多多。面料上，王

明朝官员服饰

公贵族和职官, 有权穿着锦绣绸缎; 普通老百姓只准穿着素衣绸缎; 商人更惨, 只能穿绢和布, 有钱也不能穿绸子。具体来说, 不同等级的官员, 穿衣服的规定也是不同的, 官员之间身份的差别, 主要通过官服上的图案来界定, 官职不同, 官服上的动物图案也就不一样。文武官员的服装也有区别。这其中, 担负教育任务的教官们, 也有特殊的服装, 各地教官上任, 国家都要赐予衣服, 同时学校的训导, 也要赐予冠带。生员们规定戴软巾, 腰系垂带, 衣着襕衫。而生员考取国子监, 则要被赐予遮阳帽, 即明朝人所说的举人圆帽以示区别。不同的衣服, 标志着不同的身份, 我们如果穿越到明朝去, 在大街上不用问, 只凭路人的衣服, 就可判断出其身份职业。而我们如果生活在明朝, 在不同年龄段, 我们所穿衣服的改变, 也意味着我们人生的轨迹。

和穿衣服同样的是, 在明朝, 吃饭也是有讲究的。

明朝人的饮食, 在明初就有了严格的等级界限。比起元朝末年的享乐风尚来, 明朝初年吃什么, 怎么吃, 都是件

一不留神就要命的事情。

首先餐具就有严格的规定：公侯以及一品二品官员，酒盏用金制，其他餐具用银制；三品到六品官，酒注用银制，酒盏用金制；六品到九品官，除了酒注和酒盏用银外，其他餐具必须用瓷。在明朝初年的餐桌上，宴会上摆错一件餐具也同样是要被办罪的。

其次，对于什么样的人吃什么样的饭都有森严的规矩。明初吃饭，内容也很简单，就算是公侯之家，餐具讲究多，但饮食内容却比较随便，一般也很少有宴会时候请戏班子唱堂会。老百姓家自不用说，许多老百姓家一辈子也没办过宴会，就算是结婚这样的大事，酒宴上通常也只是五六盘水果，五六盘菜，条件好的家庭，再多个两三盏汤。

之所以如此简朴，除了规矩多外，还因明朝开国早期经济疲敝，无论官民都不怎么富裕，节省着过日子吧。

比起吃来，明朝人的住房，同样体现了森严的等级，首先是王府的级别，明朝亲王的府邸，正门、前后殿、四门、城楼都用青绿点金装饰，廊房要用青黑装饰。而王府的规格，乃至房间数目，也都有严格规定，亲王如果擅自装修房间，甚至多盖府邸，那可不是闹着玩的，重了可以直接被处以谋反大罪。公主的府邸则又有区分，不能用金色装饰。

官员的住宅，规矩更多，不同的品级都有不同的规定，不但外观上区别很大，甚至房间内部的厅堂以及桌椅摆放，规矩也同样的多。外观构造上，官员的住宅里不许建歇山转角，重栏重栱，不许有彩绘图案。厅堂的房间数量，根据官职的大小也是有严格区别：一品、二品官员家的厅堂，规定有五间九架；三品至五品的厅堂，规定有五间七架；六品至九品的厅堂，是三间七架。在

185

屋脊门屋的图案上，更有严格的区别，修错了房，画错了图案，对于明朝官员来说，很可能就是一辈子全完蛋。老百姓的房屋，更是不能超过三间五架，连彩色装饰都不允许有。同时对于官员来说，这种住宅规定，也是有继承权的，比如某官员官居一品后去世，他的儿女们仍然可以住在一品官员等级的房屋里。同时，如果房屋的图案上，出现了诸如日月龙凤等象征皇权的内容，同样要以谋反论罪。

相比于住，明朝人出门的规矩也多，尤其是官场上，官员出行主要是坐轿子，什么样的品级，坐什么样的轿子，坐错了同样是大罪。

明朝这种森严的等级制度，在明朝开国之后，构成了明朝森严的社会秩序。按照明末历史学家谈迁的话说，也正是这种制度，使明初成为了明朝历史上"犯罪率"最高的朝代。生活在明初的老百姓，有时候一不留神就会犯法。

朱元璋在位时，曾经有军汉当街踢球玩乐，出汗为了凉快，就把裤腿挽起来，结果一挽裤腿就"违制"了：一群公差上来，把这群军汉抓走，不久后宣判，所有挽裤腿的军汉，他们挽裤腿的脚都被砍掉。

另外，吃饭用错了餐具，盖房子多盖了间屋，出门用错了交通工具，这些今天看来日常生活中的小事，放在那时代，都是关乎身家性命的大事。

同时，在那个森严等级下，也有一些啼笑皆非的规定，比如规定晚上老百姓不能聚众喝酒，更不能一起走夜路，发现了就要办罪。

出门的规矩也多，出村都要开路条，上面要写明出门时间，归来时间，如果回来的时候晚了，那就要办罪，有时候如果回来得太早，很可能被当做流民抓起来。

按照明末历史学家谈迁的话说，如果他生活到朱元璋统治的时代，那是想想都害怕的。

世界流行风尚的坐标

　　然而这种"想想都害怕"的景象，放在明朝三个世纪的历史里，并非持续存在的，随着历史的演进，这套等级制度的空子越来越多，钻空子的人也越来越多。到了中后期的时候，所谓森严的等级制度，都早已千疮百孔。我们把明朝中后期和明朝初期作对比，就会发现，明初的那种朴实保守的社会风气，森严的等级制度，早已被自由开明的精神，打破门第界限的开放生活风气所取代。

　　社会经济高度发达的明王朝，其生活风尚方面，更是当时世界流行风尚的坐标。

　　明朝的这种演变，同样还是以"衣食住行"为标志的。

　　先说穿衣，明朝早期，老百姓不敢随便穿衣服，除了因为管得严外，也因为明初社会经济困难，就算是允许穿，好多人也没钱穿。随着社会经济的发展，生活好了，穿衣服的选择也多了。虽然管得严，可是爱美的愿望，让人们开始越来越多地去冲破禁令。朱元璋过世后，明朝政府在服装的管制上，也变得越来越松。朱元璋的儿子——永乐皇帝朱棣在位的时候，南京就曾发生过这样一起案件：守城士兵在盘查过往行人的时候，搜出了入城百姓的行李里有金手镯。这要放在朱元璋在位时代，这些行人铁

《仕女精品》　清·费晓楼　　　《羲龙补衮图》　明末清初·陈洪绶
穿褕裙及腰裙的侍女　　　簪珠翠发饰的贵妇及挂玉佩的侍女

定要被治罪的，但是永乐皇帝知道后却说：我们就算禁止老百姓穿，难道还能禁止得了老百姓私藏这些东西吗，干脆就别管了。结果，这些百姓全部被无罪释放。

　　放在同样以勤政和严苛著称的永乐皇帝身上，对这些事情的态度尚且如此，其他皇帝更不用说。明朝中期以后，对于服装样式的管制已经越来越松。到明孝宗以后，皇帝经常动不动多少年不上朝，国家大事都管不过来，穿衣服这类小事，自然也懒得管。明宪宗在位的时候，明朝还曾因穿衣问题，引来了一场"韩流"：是年朝鲜使团入贡，随行的女子大都穿朝鲜的马尾裙，在北京城招摇过市时，一下子引来了万人空巷，结果京城女子纷纷效仿，一时间京城上下马尾裙招展，不但富家女子纷纷穿着，平民百姓家的姑娘也竞相模仿。当时的内阁大学士彭时是个古板老夫子，为此还上奏明宪宗，要求按照朱元璋时代的"违制"规定，严惩穿马尾裙的百姓。谁知奏报送到明宪宗那里，反而被一顿奚落：老百姓爱穿什么就穿什么，你管这么多干嘛。

从明朝中后期以后，明初那些穿衣的禁令，从令行禁止到逐渐废除，明朝老百姓穿衣服，也从明初的怎么安全怎么穿，变成了喜欢什么穿什么，怎么好看怎么穿。

在这方面，明朝的官员们起了"模范带头"作用，在中后期，连官服都敢乱穿。《明实录》里就曾感叹说，明朝的官职服装，在开国的时候都有严格的规定，可到了万历年间，仅是京城的京官们，你就无法从衣服上分辨出他们的身份。五六品的小官，就敢穿得花枝招展的；武官喜欢穿文官制式的服装。以至于京城好多服装店开始钻空子开发"山寨版"的官服，卖给那些附庸风雅的商人们。更有甚者，连那些被看做"下九流"的戏子们，都敢穿着象征秀才甚至士大夫身份的衣服招摇过市。有些官员诉苦说，在社交场合看到衣着华贵的夫人，以为是哪家大宅门的太太，恭恭敬敬地说了几句话，背后一打听才知道，那只是某家青楼的娼妓……当场尴尬无比。

官员都带头了，老百姓自不用说。从明朝中期以后，老百姓穿衣服，也越来越变得自由开放。明朝人张翰就曾感叹这种变化，说现在普通的老百姓，衣服上就敢绣官员的图案，普通的妇女，都敢佩金首饰。而官员身份的标志——蟒服，不但富商们敢穿，连太监也敢穿。帽子本来是明朝等级制度的象征，朱元璋统治时代，什么样的人戴什么样的帽子。规定都是很严格的，到了明朝中后期，人们不但早就不顾禁令乱戴，甚至还经常发明帽子。比如原本是士绅专用的方巾峨冠，在明朝中后期，经常有平民百姓冒带，一些手里有钱的老百姓还擅自改装，在普通的方巾上加各种粉饰，美其名曰"银招牌"；就算普通老百姓，在城里也常顶着书生方巾招摇过市，要是有人盘问戴的什么，就回答说叫"省钱帽"。换个名字，就可以大摇大摆地"违制"了。

穿斗牛服的明邢玠夫妇像

　　到了商品经济高度繁荣的明朝中后期，明朝人穿衣服，更是以追求美丽为第一要务，就连大老爷们也不例外。为了爱美，什么等级制度条令森严，都可以统统无视。

　　明初士民穿衣服，以节俭为特点，即使是有钱人家，有好衣服也都压箱底藏着，每年重大场合才穿一次，而到了明朝中后期，达官贵人家穿衣服，恨不得一顿饭工夫就要换几套。这里面的典型，就是明朝万历年间的首辅张居正。有一次他在内阁值班，中午吃工作餐的工夫，就换了四套衣服，而且他穿衣服喜好华美。按照《明史》里的记录，早晨他上班穿的衣服，和晚上下班穿的衣服，是绝对不一样的。放在今天，这人也可以算"恋衣癖"。而有这种爱好的明朝士大夫，也不止张居正一人。

　　晚明官场的一大风气，就是官员之间相互攀比服装，谁穿了什么新潮的衣服，谁家的衣服花钱多，定然要在公共场合拿出来炫耀一番。因为爱美，有些官员甚至还亲自上阵，当起了业余服装设计师，动手设计衣服。

　　比如明朝的御史们，好多人就酷爱"韩流"，把朝鲜妇

女穿的马尾裙穿在服装外面当装饰，甚至有一段时间，朝鲜马尾衬裙，还成了明朝辨别御史的主要标识。

除了公共场合的衣服外，日常休闲的衣服，在明朝官场也花样颇多，基本是流行什么穿什么。士大夫日常的休闲服，分为曳撒、程子衣、道袍三类样式。相比明初服装的厚重朴实来，明末的服装则以轻薄鲜艳著称，甚至还出现了"轻薄如纸"的袍袖，在明末风靡一时。

对美的追求，也令时装的更新换代加速，晚明服装尤其是女性服装，几乎每过两三年，旧样式就会被淘汰，新样式层出不穷。这时期领导流行服装潮流的地区，当属明末商品经济最发达的苏州。

苏州发达的娱乐业，外加繁荣的城市经济，使苏州人的服装，尤其是女性服装，始终走在时代最前沿，甚至每当苏州地区出现一种新的服装款式，全国各地都纷纷效仿，而明朝的服装潮流，还是具有国际影响的，明朝的苏州，就是一个当今的法国巴黎。

与晚明高度开放相对应的，就是大洋彼岸欧洲的中国热。随着中国东南沿海海禁解除，中国丝绸大量通过海路输入欧洲，也引发了欧洲人的竞相追逐。从17世纪到18世纪的一个多世纪里，穿中国汉服，成为欧洲贵族界最时髦高贵的标志。

与服装的演变相对应的，就是明朝饮食文化的变迁。如果说明初的饮食文化，是吃饭的规矩多，饭菜本身比较简单的话，那么明朝中后期的景象却恰恰反过来。吃饭的规矩越来越少，用餐具之类的事，不再是掉脑袋的大事，饭菜本身却不再简单，内容越发丰盛。

饮食文化的变迁，同样是明朝的皇帝起了带头作用。明朝开

明

国皇帝朱元璋，是以生活简朴著称的，他简朴了，底下人当然不敢浪费。朱元璋时代，即使是亲王，每天吃的羊肉也只有一斤。随着历史的发展，明朝皇帝的御膳，也变得越来越丰富。比如明朝皇帝固定要吃的豆腐，在明朝初期，吃的是真豆腐，为的是提醒皇帝不忘艰苦生活，时刻保持亲民本色。到了中后期，这种"忆苦思甜"的豆腐，花样变得越来越多。豆腐不再是用真正的豆腐做了，而是用鸟脑。一盘豆腐菜，至少要用掉上千只鸟。豆腐尚且如此，宫廷饮食的奢侈由此可见。

民间饮食也不甘落后。明初的士大夫，宴会以节俭著称，而到了晚期，假如你要在家请客，一定要提前好多天作准备。用酒与果品，都要最名贵的，食物不管吃得了吃不了，一定要摆满几案，否则就会被人嘲笑。吃饭用的酒具，就连金银都不上档次了，必须要用名贵的玉器酒具才够面子。即使是普通老百姓家，在酒宴的花费上也毫不手软，通常办宴席一桌菜，花样就得十多种。

按照《万历野获编》的说法，普通老百姓家一顿酒宴的花费，相当于一家人至少五个月的生活费。

食物更是丰富多彩，鸡鸭鱼肉已经不稀罕了，上档次的菜品，主要以名贵动物为主。普通人家的宴席，也都常有鸽子、斑鸠、大雁这些珍奇鸟类。富贵人家，则会有北方的熊掌、西域的马奶、东海的鲸鱼唇。一场豪门大族家的宴会，足够开个珍稀保护动物展览馆。

酒席上消耗最大的，当然就是酒，按照嘉靖年间的记录，淮安府每年消耗掉的酒，如果折合成酿酒所需的麦子，则高达100万石。如果把这些粮食放在战场上，足够支持一支万人军队出境作战。明朝饮食的奢靡之风，可谓上行下效。

住宅方面，随着历史的演进，明初的各种规矩也被相继打破。当然亲王家庭除外，因为身份敏感，乱盖房子很

天启年间1626年担任过兵部尚书，协理京营戎政，以文官协助总督，掌管京营兵马的操练，并被加御为"太子太师"的李春烨在福建省泰宁县城关建有"尚书第"，规模远远超过明初的定制

可能要办罪。但老百姓家却不一样了。到了明朝中期以后，各种打破等级界限的新型住宅样式，在经济发达的城市中如雨后春笋一般涌现。

明初的房屋，就算是南京这样的首都，民房也多以低矮简朴为主。在明朝正德年间以后，随着经济的发展，明朝的住宅，也和服装一样，开始了大胆的演变。按照《明史》的记载，明朝弘治年间，仅像浙江太平县这样的小地方，房屋建筑就比明初高大一倍，而且老百姓家的房屋，也都照着官宦人家的式样修建，就像穿衣服效仿官服一样，要的就是阔气。而嘉靖年间的南京，普通老百姓家装修房屋，仅修缮客厅的费用，通常就要花费近千两白银。而且老百姓家装修，还往往喜欢向官府看齐，家里房子的雕梁画栋，甚至厅堂摆设，都照着衙门的样子修。在苏南、浙江等商品经济发达的地区，那些有钱了的大商人，家宅能照着王公贵族的模样修，甚至还有富商托关系走门子，取得京城公侯家宅院的图纸，依葫芦画瓢地修自家宅院，而且装修豪华、气势宏大

的宅院里。甚至连生活细节也要体现奢靡：家里打扫卫生要用鸡毛做的扫帚，擦桌子要用丝绸做的抹布。要的就是气派。

装修都如此进步，明朝的房地产业也因此炒作起来。明朝中后期农村的一大风尚，就是大规模的"城市化"运动，农村里有钱的地主，第一件事就是在城里搞套好宅子，摇身一变做城里人。刚开始这么做的还都是有钱的大地主，后来中小地主也纷纷效仿，再后来，那些在苏州等城市打工的外来民工们，有了钱也纷纷购房安家。以明朝万历年间的地方官奏报来说，苏州地区的房价，比起十几年前的隆庆年间，上涨了至少五倍。

明朝的人口流动，即"行"，也因此而变化。

比如坐轿子，明初只有官员有资格坐轿子，而且要根据品级，到了明朝中后期，有钱的富商也纷纷坐轿，好多人出行的仪仗气派，比达官贵人还要拉风。

人口流动频繁起来。明朝初年，农民出个村都要"政府"开介绍信，到了中后期，各地流民云集，大批农民涌入商品经济发达的东南沿海地区。

知识分子喜好游山玩水，四处游学，由此还带来了严重的问题——科举移民问题。由于明朝科举分南北榜，在南方考试中榜的难度要远远大于北方，所以许多南方士子，往往托关系更改户口，跑到北方区考试，典型明朝版的高考移民。最有实力干这事的，主要是商人家庭出身的学子，因为父母经商的缘故，他们从小就跟随父母四处游历，外加家里有钱，托点关系在当地入籍考试，都是很容易的。而且明朝政府对此也很宽容。嘉靖年间，曾有商人子弟章礼，原是浙江籍贯，本应在南方参加考试，却在北方顺天府参考并中榜。事情揭穿后，舆论一片哗然，但嘉靖皇帝却说，在南方考在北方考，都是天子门生，这有啥差别的？从那以后，高考移民成为了明朝学子的一个常备选择。如果我们看晚明许多士大夫，会发现他们参加科举的地点和他们的老家，总是相差十万八千里的。

　　而更大规模的人口流动，却是商人、农民以及城市工匠。明初商人外出，需要向政府开路条，而到了中后期，商人们不但可以游遍全国没人管，而且好些商人更脱离原籍，在当地落户安居。随着土地兼并严重，大批农民变成流民，把进城打工当成了生活选择，特别是在一条鞭法施行后，农民缴税变成了交货币税，只要你能交上钱，没人管你种不种地。而农民进城打工的收入是远远大于种地的。所以北方以及华中的大批农民涌入东南，进入到江苏、浙江等地。人口流动，在促进经济发展的同时，也带来了新的问题，一是地方与地方间的人口比例失调，二是从事农业与工商业的人口比例失调。

　　另一个人口流动的群体则是工匠。虽然明朝工匠有匠籍，但到中后期，匠籍的管理也松了下来，特别是明朝大兴私营手工业后，新兴的城市工场主，喜欢高价招募能工巧匠，许多原本从属

《货郎图·春景》　明·吕文英

《货郎图》　北宋·苏汉臣

于官府作坊的工匠被吸引而来。比如北方宣府地区的木匠，主要来自山西地区，苏州做帽子的工匠，主要来自江西地区。这些外来工匠在当地一干多年，最后也就入了当地籍贯，许多工匠的后人，甚至还在当地参加科举考试。明朝文臣周应中就是一例，他本是浙江人，家里作为纺织工匠在北京打工，经过多年奋斗后，到他这一代终于有了北京户口，并在北京参加考试，最终金榜题名。明朝诸多出身寒微的文臣，大都有过这样的人生路。

明朝的这些社会现象的演变，其原因有很多，但归根结底却是一件事——经济结构的变化与发展。明初以农业立国，然而农业经济发展的结果，必然导致商品经济大兴。作为当时世界最大的封建帝国，明朝更是当时世界科技文明最为发达、经济最繁荣的国家。放在社会经济层面，随着海禁的废除，东南外向经济发展，吸引了大量人口涌入，加速了城市的发展，繁荣带来奢靡之风的兴起，归根结底还是经济发展的结果。

明朝在这个时期的自由、开放、繁荣，令当时造访中国的西方传教士们也大为赞叹，在利玛窦等西方传教士的著作中，把明朝形容得如天堂一般美丽。套一句常用的政治术语，这叫经济基础决定上层建筑。

穿越到明朝做老百姓

享受高福利的老百姓

从明初的社会制度上看，穿越到明朝做老百姓，很多方面是很苦逼的。但事实上，无论明初还是明末，做明朝的老百姓，也有幸福的一面——福利好。

在中国历代封建社会中，明朝是一个社会福利比较高的时代。这个功劳，首先当感谢朱元璋。

农民出身的朱元璋，格外重视民间疾苦，从小吃够了苦的他，也出台了各种政策，让老百姓不再吃苦。他的三大福利政策分别是"养济院""漏泽园""惠民药局"。

所谓"养济院"，就是负责收留城市中的鳏寡孤独的福利院；"漏泽园"，就是国家公墓，免费埋葬过世死者；"惠民药局"，就是国家免费医院，可以免费看病和免费领取药品。朱元璋甚至

《清明上河图》 明·仇英

明朝百姓服饰

还规定，如果城市里发现了无家可归的流浪汉，或者是发现了生活不能自理且无人照料的残疾人，那么地方官就要被追责，轻则撤职查办，重则下狱问罪。

在"养济院"里，每位被收留者，每月都会给予大米三斗，库布一匹。以至于许多生活并不贫困的骗子，也假装穷人被收留进来，且赖在里面不走。

朱元璋还曾经试验过"保障房"政策，命令在南京试点，于郊外修筑公房，安排无家可归者居住。尽管这项政策，限于封建时代的经济条件，未能全国推广，但可算是世界最早的国家免费福利公房。

除了这些福利机构外，明朝的福利待遇也好得很。如遇到水旱灾害，无家可归者，明朝政府会免费给予稻种耕牛，并赐十五亩田地。到了明英宗朱祁镇在位时期，明朝出台了"国家养老制度"——优老之礼，即年满七十岁以上的

老人,国家就要赐予爵位,每月给予生活补贴。

这种全民福利,也造就了明朝三个世纪的凝聚力。即使在许多皇帝昏庸、政治腐败的时代里,明朝的老百姓对待国家,依然体现出了不离不弃的深厚感情。

比如"土木堡之变"后的北京保卫战,不但明军三军用命浴血拼杀,战前,京城的百姓还自发捐钱捐物,支援朝廷。在战斗打响后,北京周边百姓还有人跳上城头,自发参加战斗,用石块做武器投掷瓦剌骑兵。明朝中后期虽然军备废弛,但史不绝书的,却是明朝北方边境上,经常有百姓与驻军合力,死守孤城并击退强敌的佳话。尤其是在嘉靖年间的右玉保卫战中,当时鞑靼大军围困,小小右玉,只有几千士兵和百姓,然而右玉的百姓却答,我们世代受国恩,如果今日开城,就要留下万世的骂名。结果八个月的右玉保卫战,令横扫草原的鞑靼阿勒坦可汗碰得头破血流。

鼎盛时期的大明,尽管存在着诸如腐败等问题,却是一个具有繁荣经济和高度凝聚力的强大国家。明朝晚期之所以落得灭亡的下场,武备不振只是表象,真正原因,却是腐败的明朝,已经失去了民心,最终惨遭抛弃。

留在农村,还是进城打工?

如果穿越到明朝做老百姓,混在农村还是混在城市,结果是不一样的。

明朝早期施行"重农"政策，具体到农民身上，一是赋税比较轻，除了江南地区重税外，其他地区税都不高。农民家里的土地，多少亩种麦子、多少亩种果树、多少亩种桑麻，都要听国家指挥，私自乱种更要治罪。这种明朝特色的"计划经济"，在明朝早期发挥了巨大效用：国家经济迅速恢复，粮食储备直线增加。按照《明史》的说法，在朱元璋在位的晚期，国家各仓库里的粮食，就多得吃不完，有些甚至因为常年存放，早已经腐烂变质了。

在明初做农民，虽然被管得多，但只要勤劳工作并发家致富，也有机会当官。

明朝管财产较为丰厚的农民叫做"富民"，起用富民为官，是明朝从朱元璋开国之后，一度奉行不辍的传统。这样做的好处，一是可以拉近政府与百姓的距离，体现朝廷亲民重农之意，二是有助于调和官府与百姓之间的矛盾，尤其是由富民们去执行国家的政策，与百姓之间的冲突会少得多，更易取得百姓的信任。

明朝早期，农民出身并官至高层的例子不少，比如湖广富民严震直，一路提拔成了户部尚书，掌管整个大明王朝的财政。苏州富民沈阶，也曾官至户部员外郎。另外在明朝早期，各府县的基层官员甚至小吏，也都有富民充任。种地种得好，在明朝早期，当官甚至当大官不是梦。

"富民为官"现象后来之所以消失，原因有很多，其中最主要的原因是被选为富民的大多是憨厚老实的农民或者当地德高望重的乡绅，他们虽然也不乏像严震直这样的能臣，但绝大多数人的行政能力却是有限的。随着明朝教育的发展，科举制度逐渐成为官场选拔的正途，富民出身的官员，也就日益绝迹。

明朝农民生活的变迁，随着农村土地兼并而贫富分化日益加剧。这个变化是每个封建社会的老剧本，但在明朝却也有自己的特点。

首先是贫富分化。明朝以农业税为主要税种，土地兼并的加剧，让农业税日益萎缩，因此农民负担日重，这其中尤其以经济最发达的江南地区最为明显。江南地区是明朝农业税税率最高的地区。但是明朝又有规定，士绅大户有免税特权，所以一些自耕农们，就把土地寄托在大户名下，以此逃税。在这种情况下，大户得利，小民也减税，然而国家的税收却因此受损。明朝中后期税收日少的局面，正是因此而造成的。到了明朝中后期，商品经济博兴，工商业成了国民经济中的大头，然而放在总的税收里，其比重却依然很低，结果就是该缴税的交得少，没钱缴税的却交得多，交不起的就起来造反，最后把明朝给反没了。

而如果穿越到明朝的城市，特别是中后期商品经济高度发达的城市里，那么你的生活，就很可能是丰富多彩的。

明朝的市民文化有多繁荣，看看《明史》上的形容就知道了。由于明朝中后期商品经济发达，人口流动加剧，明朝的城市也高度繁荣，人口数量激增，行业鱼目混杂，三教九流云集，在这样的城市里，一个人奋斗的途径，也变得日益多样。比如说如果你是一个文士，考科举考不上，放到其他朝代，要么做个教书先生，要么回家种地，很可能清贫一生。在明朝却有许多新的出路，比如可以给官员做师爷，给商人做参谋，甚至还可以去戏班子写戏。

走在明朝的街道上，你可以看到各色人等，有志得意满的达官显贵，有衣着华贵的商人，有街边青楼窗口花枝招展的妓女。甚至连妇女都有了许多新职业，比如出入于官宦小姐家的女帮闲等。

许多当时造访中国的欧洲传教士认定，明朝城市的繁荣程度，远在同时代欧洲城市之上。每一个明朝城市在外人眼里，都是一个充满诱惑力的花花世界。

在这个世界里做老百姓，奋斗的内容，也是可选择的。如果你要打工，到了一个城市后，首先要找当地的"会馆"，也就是由你的老乡开的招待所，在会馆登记注册后，就可以白吃白住，然后会馆负责给你找工作，找好工作后就可以合法在当地自食其力，但是，如果你工作不满一个月就自己辞职，后果是严重的：名声算臭了，在当地无法再混了。

在明朝的城市里工作，除了可以做工人，做佣人外，还有一种叫"青皮混混"的，在城市里也有行业，这个行业叫"青手"。这个职业有两个业务，一个是打人，收人钱财后替人修理人；二就是替人挨打，比如某人犯了事，要被衙门打板子，不想被打，就可以花钱雇"青手"替自己挨打，通常挨一次打收费十两。有点黑社会的味道。

知识分子阶层的苦逼生活

明朝中后期，最为"苦逼"的群体里也包括知识阶层。我们今天称呼秀才，都叫穷秀才，其实这个称呼，就是从明朝中后期开始的。

明朝初期的秀才并不穷，按照国家规定，秀才都有国家的财政补贴。这个制度虽然在明末也有，但补贴数目三百年来基本没变。这些钱放在明初，足够给秀才养家糊口，但放到物价翻了不知多少倍的明末，却只能让人喝西北风了。这种情况下，明末的秀才也只好自谋生路，个别没骨气的就要靠接济，所谓"打秋风"就是这么来的。而有骨气的秀才，好多也都转行，最多的是转行做生意。

明朝中后期，读书人出身的商贾越来越多，有不少人还成为了一时的富贾。形成鲜明对比的是，许多商人有了钱之后，第一件事是花钱买一个生员名额，以图有个身份。

在那个时代里，生活压力最小，既有钱又有闲的阶层，当属士大夫阶层。明朝中后期士大夫阶层的特点，一是极端富裕化，二是极端享乐化。

明朝贫富差距的拉大，反映在知识阶层，就是有科举身份和官员身份的士大夫们，生活大多高度富裕，特别随着明朝腐败的加剧，他们就变得更加的富裕，富裕了以后的他们，生活态度也和前人不同。

按照沈德符《万历野获编》里的说法，明末的士大夫们，人生的追求就是享受再享受，奢靡再奢靡。

比如吃，那是不惜千金，珍奇野味无所不用其极。又比如穿，极尽奢靡。再比如业余爱好，有喜欢流连青楼的，也有喜欢混迹戏班的，而且这两样在明朝开国时期是绝对不允许的丢人事，放在明末却是风雅事。

明朝士大夫们，常有人专门喜欢为戏班子写戏，更有人喜欢亲自登台演戏。

在明初，官员混迹妓院铁定是要丢官的。而在明末，官员进

明代十能才女薛素素像　　　　　明女画家马守贞像

妓院，不但是一件风雅事，甚至还是炒作自己的手段，如果能博得某个知名妓女的青睐，甚至抱得美人归，那在官场上的知名度，铁定刷刷地涨。典型例子，就是娶了柳如是的钱谦益，虽然在当时被骂得要死，结婚的时候在花船上一路被人扔臭鸡蛋，但名声算是出来了，后来他一跃成为东林党干将，和这个不无关系。

　　明朝这些社会观念的改变，不但是一个朝代理念的改变，甚至也是一种社会制度演进过程的改变，从总的趋势看，明朝的这种演变，主要就是从单纯的封建礼教，演变为对个性自由解放的强烈追求。

　　　　　　这个过程里所出现的一切现象，如果我们对比同时期的西方国家，会发现两者充满着各种相似之处，然而不同的在于，明朝在这个演进过程中，其改变的只在于生活层面与经济层面，国家基础的社会制度却并没有因为经济结构的变化而进行调整，结果就是日益发展变化的明王朝

社会，与明王朝旧有的官僚体制越来越不相容，具体到国家大事上，就是明朝文官集团与皇权对立严重。

明朝民间声音与官方声音也对立严重，在经历了张居正十年改革的努力后，万历皇帝的清算却让这种不相容彻底地失控。所谓万历三十年不上朝，以及东林党与阉党的相互倾轧，归根结底都是这种不相容的表象，实际的原因却是，在不相容中反复挣扎的明朝，最终没有赢得一个新的出路。整个国家，随着旧体制的日益滞后，经济发展的不平衡，税收的不公正，收入分配的不合理造成日益悬殊的贫富差距，最终走上了灭亡之路。